Horst Rumpf
Was hätte Einstein gedacht, wenn er nicht
Geige gespielt hätte?

Horst Rumpf

Was hätte Einstein gedacht, wenn er nicht Geige gespielt hätte?

Gegen die Verkürzungen
des etablierten Lernbegriffs

Juventa Verlag Weinheim und München 2010

Horst Rumpf, Jg. 1930, Dr. phil., ist Professor em. des Fachbereichs Erziehungswissenschaft der Universität Frankfurt/M.

Der Titel zu diesem Buch verdankt sich einer Äußerung von Nicolaus Harnoncourt. Sie lautet vollständig: „Was hätte Einstein gedacht oder gefunden, wenn er nicht Geige gespielt hätte?" (Nicolaus Harnoncourt: Musik als Klangrede. Kassel 1982, S. 11)

Bibliografische Information Der Deutschen Nationalbibliothek

Die Deutsche Nationalbibliothek verzeichnet diese Publikation in der Deutschen Nationalbibliografie; detaillierte bibliografische Daten sind im Internet über http://dnb.d-nb.de abrufbar.

Das Werk einschließlich aller seiner Teile ist urheberrechtlich geschützt. Jede Verwertung außerhalb der engen Grenzen des Urheberrechtsgesetzes ist ohne Zustimmung des Verlags unzulässig und strafbar. Das gilt insbesondere für Vervielfältigungen, Übersetzungen, Mikroverfilmungen und die Einspeicherung und Verarbeitung in elektronischen Systemen.

© 2010 Juventa Verlag Weinheim und München
Umschlaggestaltung: Atelier Warminski, 63654 Büdingen
Printed in Germany

ISBN 978-3-7799-2237-7

VOR-SÄTZE

„… dass der gegenwärtige „Bildungsstreik" bereits der zweite innerhalb eines halben Jahres ist und dass … der Protest Schüler und Studenten vereint. Ihr gemeinsamer Widersacher ist der Ungeist des Paukens, der Akkumulation von Stoffmassen, die nicht durchdrungen, sondern nur zu Prüfungszwecken auf Abruf gehalten werden. Der Wissenserwerb droht steril zu werden, und zugleich wächst mit der Freudlosigkeit des Lernens der Druck, das geforderte Pensum schaffen zu müssen." (Joachim Güntner in „Neue Zürcher Zeitung" vom 27.11.2009 über eine zweite Welle des Bildungsstreiks 2009 an deutschen Schulen und Universitäten – mit Parallelen in Österreich, der Schweiz und Kalifornien.)

„Allein wir sollen ja eine zu Boden gelernte Nation sein und bleiben." (Jacob Burckhardt in einem Brief an Friedrich von Preen vom 21.02.1878 – zitiert von Martin Wagenschein: Erinnerungen für morgen. Weinheim, Basel 1983, S. 133)

„Was wir sehen, ist durch Nähe versengt. Um jeden Preis muss man wieder entfernen, erhöhen, verschleiern. Was kann ich mir unerreichbar machen an meinem Nächsten? Was kann ich mir unerreichbar machen inmitten der Bedrängnis der zuhandenen Dinge, Redeweisen, Programme und Prognosen?" (Botho Strauss: „Die Fehler des Kopisten". dtv München 1999, S. 73)

„Jetzt sucht man überall Weisheit auszubreiten! Wer weiß, ob es nicht in ein paar hundert Jahren Universitäten gibt, die alte Unwissenheit wiederherzustellen".(Georg Christoph Lichtenberg (1742–1799). Lichtenberg – Aphorismen, Briefe, Schriften. Hrsg. Paul Requadt, Kröner Stuttgart 1953, S. 126)

„,Was man durchschaut, sieht man nicht' – da zuckt der analysierende Schlaumeier zusammen". (Der Komponist Helmut Lachenmann über einen Ausspruch des Musikpädagogen Peter Becker – zitiert in Peter Becker: Finis. Non finis … Mainz 2009, S. 10)

„Die Begegnung wird geschenkt, die Arbeit wird gewollt. Aus der Begegnung entspringt die fruchtbare Einsicht, der schöpferische Keim, der Durchbruch von Neuem; durch die Arbeit wird das alles in Ordnung und Dauer übergeführt. Begegnung allein würde das Leben zu einem Abenteuer machen, unstet und dem Augenblick ausgeliefert. Arbeit allein würde unfruchtbar bleiben; alles würde gewohnt, abgenutzt, „alt" werden. Das Dasein würde ins System gezwungen. Freude wie Erschütterung gingen verloren." (Romano Guardini: Die Begegnung. In: Romano Guardini/Otto Friedrich Bollnow: Begegnung und Bildung. Würzburg, 2. Auflage 1960, S. 19)

Inhalt

Teil I
Zur Überwindung eindimensionaler Vorstellungen vom Lernen

Kapitel 1:
Zwei Lernorientierungen: Weltbeherrschung und
Betreffbarkeit 9

Kapitel 2:
Phänomenologisch angefrischte Weltwahrnehmung.
„Unter dem Firnis der Sehgewohnheiten schlafen
die Dinge" (H. Böhme) 20

Kapitel 3:
Staunkraft – „Das feine Empfinden für etwas,
das fraglich und unsicher ist" (Dewey) 28

Kapitel 4:
„Der Körper denkt immer" (Bourdieu) –
Lernen und Leiblichkeit 44

Teil II
Lernkrisen – Exemplarische Konkretisierungen

Kapitel 5:
Altvertrautes nimmt fremde und neue Züge an –
Lernszenen und theoretische Vertiefungen
(Adorno, Seel, Holzkamp) 59

Kapitel 6:
Fruchtbares Befremden – Variationen des Umgangs
mit Unerwartbarem (Wilson, Kleist, Bohrer, Th. Mann,
Wagenschein) 78

Teil III
**Zwei Zeugen für Lernen im Gegenstrom,
gegen das Bescheidwissen**

Kapitel 7:
Natur-Wissen und Natur-Geheimnis –
Wie Naturforschung sich bei Adolf Portmann darstellt 92

Kapitel 8:
Eine Lernbiographie, die sich auf Widerfahrnisse einlässt
(Hans Reutimann) 103

Literatur 128

Kapitel 1:
Zwei Lernorientierungen:
Weltbeherrschung und Betreffbarkeit[1]

Es gibt verschiedene Arten, wie Menschen mit der Unbekanntheit, Vieldeutigkeit und Brüchigkeit ihrer Welt umgehen.

Eine Spielart zielt darauf, der Erfahrungswelt verlässliche und vorhersehbare Züge abzugewinnen – das heißt, andrängende Gegebenheiten mittels vielfältiger Bemühungen auf Distanz zu bringen, um ihre mögliche Bedrohlichkeit zu vermindern oder sich in ihnen steckende Nutzbarkeiten gefügig zu machen. Diese Umgangsform liegt dem nahe, was in der westlichen Zivilisation normalerweise unter „Lernen" verstanden wird. Wer in einem Gebiet etwas gelernt hat, „kann" etwas, er „beherrscht" eine Sache mit handgreiflichen oder gedanklichen Zugriffen. Er findet Einordnungen und Erklärungen, um ihrer undurchdringlichen Widerständigkeit entgegenzuarbeiten – er bekommt sie so „in den Griff" und kann, etwa mittels Schlussfolgerungen, „etwas für sich herausholen", was nicht zutage lag.

Die landläufige Vorstellung von der Lehr-Aufgabe in Schulen und Hochschulen entspricht dieser Idee von Lernen. Den Entwicklungsfortschritt von Kindern und Jugendlichen beurteilt man in der wissenschaftskonformen Zivilisation im Alltag wie in der Entwicklungspsychologie auch danach, wie weit sie in dieser Art Lernen fortgeschritten sind – beispielsweise also wie ausgeprägt ihre Fähigkeit ist, sich durch begriffliches Denken vom Augenschein und seinen Täuschungen zu lösen. Das bemisst sich etwa daran, ob und wie sie mit vom Praxisdruck gelösten Aufgaben „fertig" werden. Je abstrakter die

---

[1] Mit dem Anhang: Stimmen aus der neueren erziehungswissenschaftlichen Diskussion.

Leistung, als desto reifer und qualifizierter hat sie zu gelten. Dieser Maxime entsprechen Bildungsstufen und internationale Leistungs-Testvergleiche vom PISA-Typ. Danach wird das bemessen, was gemeinhin unter „LEISTUNG" verstanden wird.

Die von der Lernpsychologie freigelegten allgemeinen Lernmechanismen (die im Reiz-Reaktionslernen, in Verstärkungen und Assoziationsbildungen oder bei der Identifikation mit einem Vorbild oder Vorgriff wirksam sind) – diese Lernmechanismen wirken einerseits inhalts- und subjektneutral – sie sprechen infolgedessen nicht an auf das Besondere in spezifischen Lernsituationen. Sie sind aber darüber hinaus – und das ist für den Gang der folgenden Überlegungen wichtig – im allgemeinen Verständnis final hingerichtet auf einen Lernzustand des Besitzes. Wer etwas gelernt hat befindet sich demnach in einem Zustand des Verfügens über eine inhaltlich gefüllte Kompetenz. Das ratlose Nichtwissen, in das der historische Sokrates die jungen Leute Athens zu stürzen nicht müde ward (vgl. Rumpf 1967, S. 325 ff.) – dieses Nichtwissen passt nicht zu der stillschweigend akzeptierten Vorstellung, jedes Lernen müsse zu einem verfügbaren und überprüfbaren Besitz führen, welcher Besitz dann jederzeit zu Prüfzwecken abrufbar zu sein hat. ...

Über dieser Hochschätzung eines Lerntyps – er heiße hier einfach LERNEN 1 – wird leicht übersehen, dass es auch Lernformen gibt, die in diesem Rahmen nicht unterzubringen sind.

Da handelt es sich um eine Gegenströmung zu Lernen 1. Die ihr gemäße Grundaufmerksamkeit ist beispielsweise darauf aus, Fremdheiten, Brüche, Mehrdeutigkeiten im Umgang mit der Welt freizulegen, nicht um sie zu überwinden, sondern um sie stark zu machen und zur Erscheinung zu bringen. Ein Blick in eine Gemäldegalerie, in den Spielplan eines Theaters mag genügen, um dieser These eine erste Plausibilität zu geben. Rembrandt oder Shakespeare oder Mozart haben es nicht darauf abgesehen, die Begreiflichkeiten der Menschenexistenz ins Bild oder in Szene zu setzen bzw. in Musik zu verwandeln, sondern deren rätselhafte Brüche und Unabsehbarkeiten. Und die Liturgie der alten Kirche ist nicht als illustratives Lehrstück für bestimmte Dogmen, sondern als szenisch-sinnliche Vergegenwärtigung eines Mysteriums zu verstehen – wobei diese Beispiele nur extreme Ausprägungen von Erfahrungen sind, die tief in der kulturell überformten Lebenswelt von Menschen wurzeln. In diesen Erfahrungen wird nicht Distanz gesucht, sondern Nähe, Betroffenheit und Intensität.

Dieses LERNEN 2, wie es plakativ heißen mag, ist also nicht darauf gespannt, Welt in den Griff zu bekommen. Lernen 2 verwirklicht die Fähigkeit und den Wunsch, sich Welt nahe kommen, gleichsam unter die Haut gehen zu lassen, sich jedenfalls auf sie in ihrer sinnlichen Dichte, in ihrem sinnlichen Reiz einzulassen. Es geht ihm, um es am Beispiel des optischen Sinns zu zeigen, nicht um ein identifizierendes, ein wiedererkennendes Sehen, sondern um – wie es Max Imdahl formuliert hat – um ein „sehendes Sehen" (vgl. Zaugg 1988, S. 42); es geht um Anwesendwerden im Betroffensein – um die Anwesenheit in einem Betrachten, das sich im Hier und Jetzt aufhält, in kontemplativer Gelassenheit, ohne auf Nutzwerte oder begriffliche Ausfilterungen, gar auf Leistungsbeweise erpicht zu sein. Simone Weil hat diese Aufmerksamkeit, die auf die Anspannung verzichtet, den Geist leer und verfügbar hält, in unvergleichlicher Deutlichkeit umschrieben (Weil 1953, S. 95 ff.) Und Martin Wagenschein hat sie für Pädagogen und Lehrer neu sehen gelehrt (Wagenschein 2002, S. 26–37). Dabei kann es auch darum gehen, das Fremde, das Rätselhafte, das Fragmentarische, das Absurde, das undurchdringlich Besondere und Widerständige bewusst *sein* zu lassen, es zur Erscheinung zu bringen ohne „den Stoss ins Un-Geheure im Geläufigen und Kennerischen" (Heidegger 1994, S. 56) abzufangen. Lernen 2 hat also kontemplative Züge – diese Weltzuwendung spricht auf Züge der Erfahrungswelt an, die die gewohnten Rahmungen von Zeit und Raum übertreffen oder unterminieren. Ihm zuzuordnen wären auch ästhetische und auf Sakralität ansprechende Begegnungsformen.

Lernen 2 aktualisiert eine andere sinnliche Grundgestimmtheit als es die ist, die zur Bewältigung von Aufgaben und Hindernissen erforderlich ist. Man vergleiche die Atmosphäre in einem festlich gestimmten Konzertsaal oder einem Theater kurz bevor der Vorhang den Blick auf ein Geschehen freigibt, das die imaginative Anwesenheit in einem konfliktreichen Geschehen voraussetzt und provoziert – man vergleiche diese Atmosphären mit der (nicht nur physisch gemeinten) „Luft" in einem U-Bahnhof zur Hauptverkehrszeit. Da sind Bewegungen, Blicke, Geräusche hingespannt auf möglichst effizient und zeitsparend zu erreichende Ziele, Räume sind zurückzulegen, Zeit ist prinzipiell knapp, der schnelle Blick auf den Sekundenzeiger regiert die Aufmerksamkeit.

Es drängt sich die brisante Frage auf: Wie stehen beide Arten des Lernens zueinander? Es gibt darauf zwei bequeme Schnell- und Schein-Antworten. Die eine behauptet, beide Zuwendungen hätten nichts miteinander zu tun, sie führten zu unterschiedlichen symbolischen Praktiken, seien infolgedessen gedanklich und praktisch strikt voneinander zu isolieren. Die strikte Fächertrennung der Schulen, die arbeitsteiligen Fachspezialisierungen der Wissenschaften scheinen diese Abschottungen vorauszusetzen und zu stabilisieren. Diese Lösung des Problems ist also allgegenwärtig in unserer westeuropäisch geprägten Zivilisation, sie beeinflusst jede Fach-Schulstunde, jedes Hochschulstudium. Aber man kann der Meinung sein, dass sie dadurch beide Arten des Lernens amputiert und von wichtigen Zuflüssen abschneidet. Eine eher beiläufige Bemerkung des Musikers und Dirigenten Nicolaus Harnoncourt mag das bewusst machen: „Was hätte Einstein gedacht, was hätte er gefunden, wenn er nicht Geige gespielt hätte? Sind es nicht die kühnen, phantasievollen Hypothesen, zu denen nur der phantastische Geist findet – und die dann vom logischen Denken bewiesen werden können?" (Harnoncourt 1982, S. 11)

Die andere Antwort, die auch auf mächtige Befürworter zählen darf, verleugnet das Problem auf andere Weise. Sie hierarchisiert zwischen Ernst und Spiel. Dem Lernen 2 wird die Spielwiese der Erholung, der unverbindlichen Phantasiebetätigung zugewiesen; dort darf man ausspannen, um Kraft zu schöpfen für den Ernst des Lebens – und in dem geht es um Leistungen vom Typ Lernen 1. Allenfalls mag man zugestehen, dass die sinnlichen Spielchen von Lernen 2 ein gewisses Material zur Vorbereitung, gar zur Illustration oder Motivation von Lernen 1 anliefern können – aber wo „es" um etwas geht, gar um Leistungen im Konkurrenzkampf, dort hat Kontrollierbarkeit, Vergleichbarkeit, Messbarkeit zu obwalten. Und die verträgt sich nicht mit dem, was von Lernen 1 aus als schwach disziplinierte Ausschweifung ins Bodenlose erscheinen kann – oder aber als nicht weiter ernst zu nehmender „Freizeit"-Inhalt. Lernen 2 kann allenfalls dazu motivieren, mit seinen Wirrnissen und Beliebigkeiten gedanklich fertig zu werden und festen Boden zu gewinnen. Man gewinnt der Lektüre, dem Theaterstück Informationen und stabile Erkenntnisse und Lehren ab, mit denen „etwas anzufangen ist".

Wie sehen andere Antworten auf die Frage nach dem Verhältnis dieser beiden Umgangsformen mit Welt aus? Wie oben angedeutet lassen sie sich wohl sinnvoll unterscheiden, in der Lebenspraxis aber kaum trennen und strikt voneinander isolieren. Jede Aufführung eine Kunstwerks, etwa eines Musikstücks setzt höchst disziplinierte Lernvorgänge vom Typ 1 voraus (die souveräne Beherrschung eines Instrumentes etwa) – aber diese Techniken blieben steril und nichtssagend, würden sie nicht inspiriert von Empfänglichkeiten und Mitschwingkapazitäten der ästhetischen Erfahrung, die ohne Frage Lerntyp 2 zuzuordnen ist. Nun sind auch in Lehr- und Lerninhalten von Schulen und Hochschulen solche Wechselabhängigkeiten zu bemerken – auch da, wo der Normalgebildete sie kaum vermutete – in der Mathematik z. B. Der Pädagoge Martin Wagenschein hat bezüglich der Ausstrahlung des Mathematikunterrichts in Schulen gefragt: „Wie ist es möglich, dass dem Zurückblickenden ein Zaubergarten sich ausnimmt wie ein staubumwölkter Exerzierplatz?" (Wagenschein 2002, S. 72) Die zitierte Diagnose deutet eine Antwort an. Beide Aufmerksamkeitsarten bedürfen einander – sollen sie nicht in Kitsch oder Schulmeisterei erstarren. Der Mathematikunterricht verödet ohne Zuflüsse von Ingredienzien, die ihn zu einem Zaubergarten zu machen das Zeug hätten. Und weil beide der Anfrischung durch bestimmte Widerstände bedürfen, um nicht in Gerede und Betriebsamkeit zu verkommen, deshalb bedarf es geschärfter Aufmerksamkeit gerade für ihre Differenzen. Wenn vielerorts gefordert wird, die Qualitäten des Unterrichts bedürften – von der Grundschule bis zur Hochschule und der Erwachsenenbildung – der Verbesserung, dann spricht einiges dafür, dass es hier nicht nur und nicht in erster Linie um lerntechnische Optimierungen zur Erhöhung testbarer Leistungen gehen kann (sie würden Lehrgänge in Hürdenlaufbahnen von Richtigkeit zu Richtigkeit verwandeln), sondern um Anreicherung der Spannungen in ihrer inhaltlichen Substanz. Und die hat unweigerlich zu tun mit der inhaltlichen Karätigkeit der Lernvorgänge, um die es geht. Der Blick, der Lern*vollzüge* (nicht angezielte Lern*zustände*) (vgl. Rumpf 2008, S. 21–24) auf ihre Qualitäten hin sondiert, stößt auf solche Fragen der Karätigkeit – und das sind Fragen nach der lebendigen Spannung unterschiedlicher Lernarten, die sich in derselben Materie brechen. Wie viele Spurenelemente von Zweifel, Unsicherheit, Dunkel, Unbekanntheit oder auch „Zauber" enthält ein Wissen, ein Können, eine Einsicht? Wie viel Verschattung ist in dem belichteten Weltausschnitt präsent und spürbar? Jeder Vortrag, jede Abhandlung, jeder Lehrbuchabschnitt legt solche Fragen nach der Karätigkeit nahe. Das platte und pure Bescheidwissen und Bescheidgeben ohne die Präsenz von Gegenströmen, ohne das Salz von latenten Gegenfragen ist steril und regt nicht zum Weiterdenken an. Da kann die hier vorgeschlagene Grundunterscheidung praktisch bedeutsam werden – auch für die Ausarbeitung produktiver Lern-Anreize.

Und wie ist das Verhältnis beider Lernarten zu dem viel zitierten „LERNEN LERNEN", das ja häufig als Maxime für jede Lehreinrichtung empfohlen wird?

In neuerer Zeit setzt sich – durch den Einfluss der Kognitionspsychologie – die Einsicht durch, dass eine inhaltsneutrale „allgemeine Lernfähigkeit" eine Schimäre ist. Insbesondere Weinert hat immer wieder gezeigt., dass fruchtbares Lernen nicht abstrakt, das heißt ohne Beziehung zu bestimmten Inhalten zu denken ist. Ein Lernen, das schließlich über „flexibel und intelligent nutzbare" Fähigkeiten (Weinert, 1986, S. 104) verfügt, gelingt nicht ohne Einpassung in inhaltliche Besonderheiten. Es gibt keine allgemeinen, von Inhaltlichkeiten entblößten Lernprozesse. Aber es gibt Lerntheorien, die das suggerieren – und die dazu verführen, hochgradig unterschiedliche Inhalte durch dieselben Lernmühlen zu drehen und dadurch zu gleichgültigem Lernstoff zu banalisieren und so zu verschrotten.

John Dewey hat das vor Jahrzehnten für das Denken schon drastisch formuliert: „Denken gleicht nicht einer Wurstmaschine, die alles gleichmäßig in eine handelsfähige Ware verwandelt, sondern ist die Fähigkeit, Gedanken zu verfolgen und zu verbinden, die durch bestimmte Tatsachen hervorgerufen werden" (Dewey 2002, S. 33).

Anhang

Stimmen aus der neueren erziehungswissenschaftlichen Diskussion (Käte Meyer-Drawe, Andreas Gruschka, Dietrich Benner, Rainer Kokemohr, Fulbert Steffensky, Werner Helsper, Elliot W. Eisner):

Die gewachsenen Möglichkeiten, Wissen in Gestalt von Informationen zu speichern, zu ordnen, weiterzugeben – losgelöst von zufälligen und flüchtigen Situationen – diese Möglichkeiten haben nicht nur Lerntechniker auf den Plan gerufen, die darauf setzen, die Bedingungen und Abläufe des Menschenlernens durch Machbarkeit zu optimieren. Sie haben auch in der Erziehungswissenschaft das Nachdenken über das verstärkt, was dabei verloren zu gehen droht, verbunden mit der Frage, ob Gegenerfahrungen wie z.B. „die Entdeckung der Langsamkeit" (Nadolny) oder ein anzustrebender „Pakt mit der Fremdheit" (Weinrich) nicht zu stärken sind.

Hier folgen einige Formulierungen von erziehungswissenschaftlichen Autoren, die auf ihre Art die Kritik am Monopol eines Lernens, das eindimensional auf Lernschnellwege eingespurt wird, teilen:

(1) *Käte Meyer-Drawe:* Die leiblich erfahrbare Erschütterung durch das Neue und Unbekannte:

„... Daher lässt sich Lernen nicht als Übergang vom Nichtwissen zum Wissen verständlich machen, sondern es hat die Konfrontation alternativer Wissensformen zur Vorbedingung. Von Platon wie von Aristoteles sowie von allen Autoren, die ihnen darin folgen, wie z.B. im Mittelalter Thomas von Aquin wird der Lernprozess als Umwandlung eines Vor-Wissens zum Anders-Wissen begriffen. Insbesondere Platon betont die schmerzhafte Umkehr ... Ihr Anfang ist mit Erschütterungen, Befremden und Irritationen verbunden." (Meyer-Drawe 2008, S. 19)

„Phänomenologischen Betrachtungen des menschlichen Lernens ... ist es trotz ihrer Unterschiede eigentümlich, dass sie ihr Augenmerk auf die produktive Störung und Verzögerung des Lernens richten., die sie dem Anspruch auf reibungslose Effektivität entgegensetzen. Die Vorstruktur des Verstehens wurzelt in einem in erster Linie leiblich konstituierten Weltglauben, welcher die Existenz der Welt nicht bezweifelt, stattdessen die Frage danach ermöglicht, was es für uns bedeutet, dass eine Welt existiert ... Dergestalt rücken die Widerstände des Begreifens, die unbestimmten, opaken und ambiguosen Dimensionen des Lernens in den Brennpunkt der Aufmerksamkeit ... Immer wieder werden deshalb im Verlauf unserer Argumentation das Staunen, das Stutzen und damit die zeitliche Struktur des Lernens Beachtung finden. Staunen und Verwunderung durchtrennen die fließende Zeit und verursachen eine Art Starre, einen Zustand der Benommenheit, dessen Bedeutung für den Lehr-Lernprozess bereits Sokrates zu schätzen wusste." (Meyer-Drawe 2008, S. 28)

(2) *Andreas Gruschka:* Die Amputation des Erkenntnisanspruchs von inhaltlichen Wahrheiten durch methodische Zerkleinerung in didaktisch gesteuerte Lernschritte

„Meyers Auflösung der Didaktik in Didaktik kann als Prototyp enthemmter Didaktisierung begriffen werden. Er zeigt, wie das Was der Vermittlung hinter dem Wie verschwindet. Nicht der Lehrer vermittelt gut, der hilft, eine schwierige Aufgabe zu meistern, sondern der aus einer schwierigen eine einfache macht, die dann gar nicht mehr gemeistert werden muss. Nicht der Lehrer unterrichtet gut, der die zunächst fremde und unverständliche Sache in den Aufmerksamkeitshorizont der Schüler stellt, so dass diese beginnen, sich am Fremden zu bilden, sondern der das Fremde und Unverständliche so bearbeitet, dass es als bereits Vertrautes auftritt und die Präsentationsweise Verständnis des Stoffes verspricht." (Gruschka 2002, S. 347)

„In der didaktischen Literatur, die primär auf das Methodische der Vermittlung abhebt, bleiben die Autoren in der Frage der Begründungen der Inhalte verhaltener. Es geht in ihr primär darum, die Komplexität der Sache so lange methodisch kurz und klein zu arbeiten (sc. durch sachäußerliche Operationen wie Unterstreichen, Gliedern, Markieren, Folienentwerfen, Karteikästen anlegen), wie es für eine sichere Vermittlung des Lernstoffes nötig erscheint, und damit eben nicht darum, die Komplexität der Sache möglichst lange und breit zu entfalten, bzw. sie überhaupt erst fragend bewusst zu machen." (Gruschka 2009, S. 19)

„Er darf (sc. ein Lehrender im Geist des Forschens), jener bedingungslosen Neugier und skeptischen Haltung folgend, sich nicht vor den Abgründen fürchten, die ein radikal auf Begründungen ausgerichtetes Fragen eröffnet. Dagegen steht eine gewaltig expansive Tendenz der Verlagerung des Methodischen von der Ebene der Sache auf die der Vermittlung im Modus des Präsentierens von Informationsgehalten, die wiederum aus bereits aufbereiteter Information, nicht aber aus Wissen bestehen ..." (Gruschka 2009, S. 18)

(3) *Dietrich Benner:* Die Unterschlagung des in Irritationen aufbrechenden Negativen tötet dem Wissen und Können den Lebensnerv.

„Die Plötzlichkeit, mit der in bildenden Lernprozessen ein neues Können an die Stelle eines alten Nicht-Könnens tritt, darf aber nicht darüber hinwegtäuschen, dass es zwischen negativen Erfahrungen und ihrer bestimmten Aufhebung in einem neuen Wissen und Können Zeiten und Räume gibt, die im Lernen ausgehalten werden müssen ..." (Dietrich Benner 2005, S. 11)

„Die pädagogische Kunst dient nicht der Aufhebung, sondern der Einübung in den Widerstreit von Umgang und Wissen. Nicht das Verbleiben im Umgang und auch nicht die Rückkehr in ihn, sondern die Verfremdung des Umgangs im Wissen und die offene Rückkehr aus solcher Verfremdung ins Freie kennzeichnen darum die Aufgabe allen schulischen Lehrens und Lernens." (Benner 2008, S. 44)

(4) *Rainer Kokemohr:* Widerständige, sich gegen Einordnungen sperrende („subsumtionsresistente") Erfahrungen als Bildungsprozesse.

„Widerständige Erfahrungen können in Texten, Bildern oder anderen Formen auftreten. Von Bildung zu sprechen sehe ich dann als gerechtfertigt an, wenn der Prozess der Be- oder Verarbeitung subsumtionsresistenter Erfahrung eine Veränderung von Grund legenden Figuren meines je gegebenen Welt- und Selbstentwurfs einschließt. Weil aber stets nahe liegt, dass eingelebte Figuren durch Abdunkelung, Abwehr, Negation, Diffamierung oder Umdeutung textuell-symbolischer oder bildhaft-imaginärer Einbrüche aufrecht erhalten werden, ist mit diesem Bildungsbegriff vorausgesetzt, dass nicht jede subsumtionsresistente Erfahrung in einen Bildungsprozess einmündet." (Kokemohr 2007, S. 21)

(5) *Fulbert Steffensky:* Die macherischen Fähigkeiten wachsen – die pathischen Begabungen verkümmern:

„Könnte es sein, dass die imperiale Weise, mit der wir mit uns selber und der außermenschlichen Natur umgehen, etwas zu tun hat mit dem Verlust der passiven Stärken und der nichtaggressiven Fähigkeiten des Menschen: der Geduld, der Langsamkeit, der Stillefähigkeit, der Hör- und Aufnahmefähigkeit, des Wartenkönnens, des Lassens und der Gelassenheit, der Ehrfurcht und der Demut? Sich ins unendliche Geheimnis sagen zu können, heißt auch befreit zu sein zur Endlichkeit; davon befreit zu sein, Gott spielen zu müssen. Nur Wesen, die sich ihrer Endlichkeit bewusst sind, können geschwisterlich miteinander umgehen und können den eigenen Siegzwängen entsagen." (Fulbert Steffensky in einem Aufsatz mit dem Titel. „Spiritualität ist Aufmerksamkeit", Steffensky 2001, S. 125)

(6) *Werner Helsper:* Bildende Erfahrung

„Der Kern bildender Erfahrung wird in der Entstehung einer Krise, der Irritation eingeschliffener Welt- und Selbstinterpretationen gesehen." (W. Helsper auf dem 21. Kongress der deutschen Gesellschaft für Erziehungswissenschaft 2008 in Dresden. Opladen 2009, S. 165)

(7) *Elliot W. Eisner (Stanford University, USA):* Lippenbekenntnisse

„Künstlerisches und die Fähigkeit zu kreativem Denken werden nicht getestet. Ich bin auch nicht der Ansicht, sie sollten es werden – in Anbetracht der Qualität unserer Tests und ihrer Nebenwirkungen in den Klassen … ich fürchte, Kunst und Fantasie erhalten weit mehr Lippenbekenntnisse als Zeit und Aufmerksamkeit in den Schulen unserer Kinder." (Eisner 2007, S. 114)

Kapitel 2:
Phänomenologisch angefrischte Weltwahrnehmung. „Unter dem Firnis der Sehgewohnheiten schlafen die Dinge" (H. Böhme)

Lernen im landläufigen Verständnis zielt darauf, der Welt Bekanntheiten abzugewinnen. Es gibt aber wie gesagt auch eine Lernbewegung im Gegenstrom: sie dringt darauf, in den gewonnenen Bekanntheiten die Spuren der darunter verschütteten Unbekanntheiten auszugraben, stark zu machen und auszuhalten – es handelt sich um Erfahrungen, in denen das phänomenologische Denken in der Nachfolge von Husserl und Merleau-Ponty seine Wurzeln hat. Es hat auch Vorläufer, wie z.B. aus Bemerkungen von Schiller oder von Lichtenberg zu entnehmen ist:

„Zwar lässt die Schnelligkeit, mit welcher gewisse Charaktere von Empfindungen zu Gedanken und Entschliessungen übergehen, die ästhetische Stimmung, welche sie in dieser Zeit notwendig durchlaufen müssen, kaum oder gar nicht bemerkbar werden. Solche Gemüter können den Zustand der Bestimmungslosigkeit nicht lange ertragen und dringen ungeduldig auf ein Resultat, welches sie in dem Zustand ästhetischer Unbegrenztheit nicht finden (Friedrich Schiller in einer Anmerkung zum einundzwanzigsten der „Briefe über die ästhetische Erziehung des Menschen". Schiller o.J. S. 245). In denselben Jahren schreibt Georg Christoph Lichtenberg: *„Ich wollte, dass ich mich alles entwöhnen könnte, dass ich von neuem hören, von neuem fühlen könnte. Die Gewohnheit verdirbt unsere Philosophie"* (Lichtenberg, hg. v. P. Requadt 1953, S. 98). Schnelligkeit und Gewohnheit forcieren eine Geisteshaltung, die von Bedürfnissen dessen bestimmt ist, was Edmund Husserl – in einem Brief vom 12.1.1907 an Hugo von Hofmanns-

thal – als *existentiale* Stellungnahme des Intellekts wie des Gefühls und des Willens charakterisiert. Das Absehen vom Überdruck der lebenspraktischen Einordnungs-Zwänge führt zu einer radikal anderen Stellung zu aller vorgegebenen Erkenntnis und zu allem vorgegebenen Sein: „*Alles* fraglich, alles unverständlich, rhätselhaft! Das Rhätsel ist nur lösbar, wenn wir uns auf seinen Boden stellen, ‚alle' Erkenntnis eben als fraglich behandeln u. somit *keine* Existenz als *vorgegeben* hinnehmen." (Husserl 1993, S. 119) Husserl bedenkt dabei die Nähe der ästhetischen zu der erkenntnisorientiert-phänomenologischen Betrachtungsweise der Welt.

Eine Formulierung von Hartmut Böhme kann bewusst machen, wie sich die Erschütterung der eingeschliffenen Einordnung der Sinnenwelt auswirkt: *„Die optische Ordnung der Welt täuscht. Unter dem Firnis der Sehgewohnheiten schlafen die Dinge. Ein Zusammenhang reisst, und aus den Fugen quillt die vergessene Dämonie der Dinge hervor. Mit dem gewohnten Blick hält man sie im Schach, fügt sie in Bedeutungszusammenhänge, Funktionen, glatte Oberflächen. Das Auge hält die Dinge vom Leib."* (H. Böhme 1988, S. 230) Nicht nur die Sehgewohnheiten – auch die Sprach- und Denkgewohnheiten schieben sich vor die Unbekanntheiten der Welt und machen sie unkenntlich. Diese Schutzschichten anzutasten ist seit eh Sache der Kunst, der Literatur, des Nachdenkens. Pädagogen, die vorab am Aufbau von Ordnungen, vom sogenannten Basiswissen zur Lebensbewältigung interessiert sind, stehen mit diesen Irritationen auf keinem guten Fuß. Und bezahlen die damit gewonnenen Sicherheiten leicht damit, dass ihr Wissen zur Schulweisheit verblasst. Die phänomenologisch gewendete Aufmerksamkeit könnte als Gegengift wirken.

Bedenkenswert in diesem Zusammenhang, dass pädagogische Studien, die diese Erschütterungen theoretisch ernst genommen haben, in der aktuellen Diskussion so gut wie vergessen sind. Man kann denken an Otto Friedrich Bollnows Buch „Existenzphilosophie und Pädagogik" (Stuttgart 1959) mit seinem nachdrücklichen Hinweis auf „unstete Formen" in Erziehung und Unterricht: es sind „Augenblicke der „Erschütterung der Selbstverständlichkeiten" (Copei), einer allgemein bedrängenden Unorientiertheit, wo alles bis dahin für sicher gehaltene Wissen dem Menschen entgleitet ..." (Bollnow 1959, S. 39) – oder auch an „Die Entfaltung der Anschauungskraft" von Johannes Flügge – dort steht der Satz: „Gedeutete Sehdinge verlieren sowohl ihre schockauslösende wie ihre faszinierende Wirkung." (Flügge 1963, S. 29)

Hans Blumenberg spricht von der „Entselbstverständlichung" als Inbegriff der phänomenologischen Methode. „Die letzten und verstecktesten Selbstverständlichkeiten noch in Frage zu stellen, ließe sich geradezu als Programm der Phänomenologie angeben." (Blumenberg 1981, S. 48) Das seiner *Selbstverständlichkeit* Entledigte kann nun neu bedacht und betrachtet werden – es kann einen Schritt weit *verständlich* werden: „Für den Phänomenologen gilt es, „die universale Selbstverständlichkeit des Seins der Welt – für ihn das grösste Rätsel aller Rätsel – in eine Verständlichkeit zu verwandeln" (Husserl zitiert bei Blumenberg 1981, S. 48).

In den Studien von Bernhard Waldenfels und Käte Meyer-Drawe hat dieser phänomenologische Denk-Impuls eine Ausformung gefunden, die einem nichttechnischen Verständnis des Menschenlernens den Weg bahnt.. Es geht darum, den Spalt zu Bewusstsein zu bringen zwischen einem passiv zu erleidenden Widerfahrnis (einer Sache, einem Geschehnis, einer Begegnung) und dem, was Menschen für sich aus diesem Widerfahrnis (konstruierend, deutend, sich erinnernd) daraus machen . Es geht um die Kluft zwischen „Pathos" und „Response" (Waldenfels 2002, S. 54–60), zwischen dem also, was anbrandet und dem, was das Bewusstsein – aktiv aufmerkend – herausholt. Wenn die Kluft bewusst wird und nicht zugeschüttet bleibt, zerfällt das Selbstverständliche. Das Denken von Waldenfels und Meyer-Drawe bleibt in den Spuren Husserls. Wenn diese Kluft unterschätzt oder übersehen wird, weil man ja mit den eingewöhnten Festlegungen zufrieden ist, dann droht Lernen zum Einstudieren der Reglements zu schrumpfen, die die Welt selbstverständlich (nicht aber verständlich!) machen. Lernen wird zum Lösen vorgesetzter Aufgaben, wobei allen Beteiligten klar ist, dass die richtigen Lösungen feststehen. Das Lehren wird zur Anleitung für einen möglichst. reibungslos abzuwickelnden Hürdenlauf, die Lernleistungen sind gereinigt von aufstörenden Auseinandersetzungen mit amorphen Erfahrungsschichten, die sich der Subsumtion widersetzen. Das Unpassende wird in Passform gebracht.

Maurice Merleau-Ponty formuliert am Beispiel der Malerei, worauf phänomenologisch waches Aufmerken aus ist: „Die Kunst, und namentlich die Malerei schöpfen aus jener Schicht unverarbeiteter Sinneserfahrung, von der das aktivistische Denken nichts wissen will. Sie sind sogar die einzigen, die dies in aller Unschuld tun." (Merleau-Ponty 1984, S. 14)

Es gibt eine Sinnenerfahrung, die sich auflädt an Wirklichkeitsstößen, ohne dass die immer auf der Lauer liegenden begrifflichen und normativ-moralischen Einordnungen zensierend und filternd eingreifen und bestimmen, ALS WAS dieses oder jenes einsortiert und weiteren Verarbeitungen zugeleitet und verfügbar gemacht wird – etwa als Automobil vom Typ Mercedes, als Barockgebäude, als Obstbaum. Der unverbrauchte Blick steht für eine noch bestimmbare Sinnenerfahrung. Sie lässt sich treffen von besonderen, leicht schrägen Zügen, die eine aufordnende Durcharbeitung des Widerfahrnisses leicht übersieht oder übergeht, weil sie buchstäblich damit nichts anfangen kann. Solche Züge fallen leicht als unwesentlich, überflüssig, abwegig unter den Tisch. Ein sprechendes Beispiel dafür ist van Goghs Gemälde von dem Bauernschuh, das die Spuren ihrer Vernutztheit, ihrer besonderen Geschichte geradezu aufdringlich präsentiert – Heidegger hat in „Der Ursprung des Kunstwerks" in Worte zu fassen versucht, wessen der unverbrauchte Blick da gewahr werden kann (Heidegger 1994, S. 18–21) – Edmund Husserl hat in Analysen der Wahrnehmung von Alltagsgegenständen immer wieder bewusst gemacht, dass „jede Wahrnehmungsgegebenheit ein beständiges Gemisch von Bekanntheit und Unbekanntheit" ist. Jede Gegebenheit weist infolgedessen aufgrund dieses Mischungscharakters „auf neue mögliche Wahrnehmung, die zu Bekanntheit bringen würde" (Husserl 1966, S. 11).

Am Beispiel: Wir vermeinen einen Tisch in seiner Gänze wahrzunehmen – die Reflexion, die sich auf unsere wirklichen Wahrnehmungen zurückbeugt, lässt deutlich werden, dass wir dies Ding nur sehr partiell auffassen – jedenfalls nicht gleichzeitig von innen und außen, von vorn und hinten, von oben und unten. In die noch nicht gefilterte Wahrnehmung schießen auch Erinnerungen an früher Wahrgenommenes ein – Retentionen nennt das Husserl; oder auch möglicherweise Phantasmen von in der Phantasie vorweggenommenen Tisch-Eigenschaften („Protentionen").

So sind für die Reflexion alle Wahrnehmungen ein „beständiges Gemisch von Bekanntheit und Unbekanntheit". Was nicht nur für die Welt der Dinge gilt, sondern auch für die Welt des Sozialen (vgl. zum Ganzen mit weiteren Husserl-Belegen Rumpf 1991, S. 313–316).

Weiterführende Unterscheidungen und Konkretisierungen

Was bei Merleau-Ponty „aktivistisches Denken" heißt, wird bei Waldenfels schärfer charakterisiert:" Alles, was wir erfahren, also auch das, was uns widerfährt, unterliegt auf diese Weise einer kategorialen, einer bedeutungshaften Überwucherung" (Waldenfels 2002, S. 72). Sie neigt dazu, die Bruchlinien zwischen Widerfahrnis und festlegender Verarbeitung unkenntlich zu lassen oder zu machen. Dieser Spalt, der den reflektierenden Denker oder auch den damit verwandten Künstler (vgl. Husserl, hg. Waldenfels 1993, S. 118–121) in Bann zieht, ist für die Überwucherung bestenfalls eine im Interesse des praktischen Lebens durch Konstruktionen zu überwindende Störgröße. Wodurch diese aktivistische Denken sich freilich von den Zuflüssen abschneidet, die es beleben.

Man mag die Art, wie Johann Friedrich Hebel oder Anton Tschechow eine Geschichte erzählen mit dem platten Informationsgehalt (etwa wie die Ereignisse abgemagert in einer Pressemeldung auftauchten) vergleichen und wird gewahr werden, wie die Erzählung der Geschehnissen deren platte Faktizität übersteigt und ihnen die Selbstverständlichkeit nimmt. – Das geschieht dadurch, dass das Erzählen Fremdheitsstoffe (Verzögerungen, Brechungen, Anspielungen, Mehrdeutigkeiten etc.) einlagert, die eine neue und reflektierte Verständlichkeit anregen.

Dieter Wellershoff zitiert in einem Abschnitt „Information und Erzählung" Walter Benjamin: *„Die Information hat ihren Lohn mit dem Augenblick dahin, in dem sie neu war. Sie lebt nur in diesem Augenblick, sie muss sich gänzlich an ihn ausliefern und ohne Zeit zu verlieren sich ihm erklären. Anders die Erzählung: sie verausgabt sich nicht. Sie bewahrt ihre Kraft gesammelt und ist noch lange Zeit der Entfaltung fähig."* (zitiert von Wellershoff 1996, S. 122)

Der Husserl-Schüler Johannes Pfeiffer hat schon vor Jahrzehnten in seinem Buch „Umgang mit Dichtung", das so gut wie vergessen scheint, Aufmerksamkeitsrichtungen freigelegt, die die Firnis des Gewohnheitsblicks auch im Umgang mit Literatur antasten (Pfeiffer 1947).

Manche Züge, die oben als „Lernen 2" umschrieben wurden, lassen sich mit den Überlegungen von Waldenfels weiter erhellen: „Im Getroffensein kommt eine eigentümliche Passivität zum Ausdruck, die nicht das schiere Gegenteil einer Aktivität ist" (Waldenfels 2002, S. 58). Was oben als Lernen 2 umschrieben wurde spricht auf Ereignisse an, die einordnende Erklärungen und Rahmungen sprengen und die somit nicht als Material auftauchen, das der bewältigenden Einordnung zuzuführen ist. „Ein Ereignis kann primär darauf hinauslaufen, dass eine bestimmte Ordnung erprobt, befestigt und reproduziert wird. Oder dass sie umgekehrt durchbrochen, unterhöhlt und durch eine neue Ordnung ersetzt wird." (Waldenfels 2004, S. 35) Es gibt Leute, denen das Widerfahrende gewöhnlich nur das bestätigt, was die eh wussten und erwartet haben – es gibt andere, deren Weltbild durch Widerfahrnisse angetastet und erschüttert, gar durchbrochen wird.

Die solcherart betreffbaren Köpfe sind auch provoziert, über das Widerfahrnis hinauszugehen und etwas Neues zu anzustreben, die andern sind in der Lage von Wagners Riesen Fafner, der Beunruhigungen abwehrt: „Ich lieg und besitze." (R. Wagner: Siegfried, 2. Akt)

„Etwas, das als etwas intendiert oder in etwas erstrebt wird, ist darüber hinaus etwas, wovon wir getroffen sind und worauf wir antworten, indem wir es auf diese oder jene Weise meinen oder erstreben." (Waldenfels 2002, S. 60) Damit ist ein aktivistischer Leistungsbegriff, der Lernen nur als aktive Bewältigung von Widerständen auffasst, als Verkürzung kritisiert. Es geht immer auch um ein Empfangen, das in einer Betreffbarkeit wurzelt. Sie ist nicht weit entfernt von dem, was Erich Fromms Umschreibung der Kreativität anpeilt: „Creativity – capacity to be puzzled." Kreativität als Empfängnisbereitschaft, nicht als Disposition zum Hochleistungssport.

Die Schwäche des aktivistischen Bildes von Leistung kommt in einem Vers der „Winterlichen Stanzen" von Rainer Maria Rilke zum Ausdruck: „Natur ist göttlich voll; wer kann sie leisten, / wenn ihn ein Gott nicht so natürlich macht." Der Rilke'sche Gebrauch von Leistung und „Leisten" entspricht der bei Waldenfels bedachten Auffassung der Beziehung von Pathos und Response. Der die Welt ausschließlich konstruierende Aktivist unterschlägt und unterschätzt die Dimension des Pathos – die Empfänglichkeit, die etwas anderes ist als ein Startblock zur Optimierung eines schleunigen Hürdenlaufs. Der ja weithin als Musterbild von Leistung gilt.

Das Widerspiel von Pathos und Response schafft ein Kraftfeld, in dem es möglich wird, sich auf die Bruchlinien der Erfahrung einzulassen – die Diskrepanz zwischen dem, was von der Sache empfangen werden kann und dem, was dann aktiv aus ihr „gemacht" wird – das bezeichnet eine Bruchlinie.

Man mag abschließend fragen, wie sich denn die hier umkreisten phänomenologischen Unterscheidungen in konkreten Lehr-Lernszenen auswirken und manifestieren können Das damit konkret Gemeinte wird an einer Bemerkung von Ezra Pound über einen sachgemäßen Literaturunterricht plastisch. Es kann demnach nicht sein, dass die Lehrperson angesichts eines bedeutenden literarischen Werks von vornherein bescheid weiß über das, was dieses Werk zu beobachten, zu erfahren, zu denken gibt – seine Rezeption ist dieser Ausstrahlung gegenüber demgegenüber immer im Defizit: *„Wenn es ernstlich an die Betrachtung irgendeines Kunstwerkes geht, sind unsere Sinne, unsere Gedächtnisleistungen oder unser Wahrnehmungsvermögen viel zu sehr Stückwerk, als dass sie uns etwas anderes erlaubten als gemeinsame Neugierde.*
Kein Mensch kennt sich so gut in einer Textstelle aus, sagen wir mal zwischen Zeile 100 und 200 des sechsten Buches der

Odyssee, dass er nicht zulernen könnte, wenn er sie mit seinen Schülern liest, statt sie bloss vorzulesen ...
Wenn der Lehrer langsam von Begriff ist, mag er wohl in tausend Ängsten vor Schülern schweben, deren Verstand sich rascher fortbewegt als der seine; aber er täte klüger daran, den rührigen Schüler zu Späherdiensten heranzuziehen, das lebhaftere Auge, das schärfere Ohr als Auslug oder Horchposten zu verwenden." (Pound 1962, S. 110 und S. 109)

Der unbekannte, fremde Text wird nicht durch Interpretationszugriffe kleingearbeitet – Response bläht sich nicht auf und beansprucht nicht, das im Pathos Gewärtigte definitiv in den Griff zu bekommen. Und der Lehrer, der das weiß, hält sich zurück – in gemeinsamer Neugier mit seinen Schülern lässt er das Neue neu und fremd sein, und es ergibt sich aus dieser Lagerung der Beziehung, dass der Schüler mit einer nicht von Vor-Festlegungen deformierten Zuwendung mehr und anderes gewahren kann als der Lehrer. Die Nähe zu der von Merleau-Ponty charakterisierten Fähigkeit zum unverbrauchten Blick des Künstlers liegt zutage. „Eine Schicht unverarbeiteter Sinneserfahrung" ist aufzuwecken – gegen die Tendenz, nichts aufkommen zu lassen, was durch die Maschen der Eigenkonstruktionen fällt und womit man demgemäss „nichts anfangen kann". So werden die Bruchlinien der Erfahrung zugestopft.

„Ich meine, der ideale Lehrer müsste jedes Meisterwerk, das er in der Klasse durchnimmt, beinahe angehen, als ob er es noch nie gesehen hätte." (Pound 1962, S. 110)

Kapitel 3:
Staunkraft – „Das feine Empfinden für etwas, das fraglich und unsicher ist" (Dewey)

Wirkliche Fragen, die „sich aufwerfen" (wie es treffend heißt), sind etwas anderes als Fixierungen von Wissenslücken, die durch definitive Antworten aus dem Weg zu räumen sind. Scheinhafte Lehrfragen, die nur so tun als gebe es da etwas im Ernst Fragwürdiges, sind von diesem Verständnis genauso bedroht wie Quiz- und Testfragen. Bei Heidegger ist zu lesen:

„Die Antwort auf die Frage (sc. nach dem Wesen von Kunst) ist wie jede echte Antwort nur der äußerste Auslauf des letzten Schrittes einer langen Folge von Frageschritten. Jede Antwort bleibt nur als Antwort in Kraft, solange sie im Fragen verwurzelt ist." (Heidegger 1994, S. 58). Mit andern Worten: Ein Wissen (ein Antworten), in dem die Erschütterung durch eine zugrunde liegende und in ihm bearbeitete Frag-Würdigkeit nicht nachzittert, ist leer. Von anderen Entwürfen als Heidegger ausgehend, hat Dewey den gleichen Zusammenhang zur Sprache gebracht:

„Wasser, das Durst stillt, oder eine Schlussfolgerung, die ein Problem löst, haben einen idealen Charakter, solange der Durst oder das Problem in einer Weise fortbestehen, die das Resultat qualifiziert. Aber Wasser, das nicht der Befriedigung eines Bedürfnisses dient, hat kein bisschen mehr ideale Qualität als Wasser, das durch Röhren in ein Reservoir läuft; eine Lösung hört auf, eine Lösung zu sein und wird zu einem bloßen Ereignis des Daseins, wenn die vorangehenden Entstehungsbedingungen des Zweifels, der Zweideutigkeit und des Suchens aus ihrem Kontext verloren werden." (Dewey 1995, S. 75).

Wie kann eine Lehrperson ihren Schülern die inzwischen allseits anerkannte Tatsache beizubringen versuchen, dass die Erde eine Kugel ist? John Dewey spielt in seinem Buch „How we think" zwei Alternativen ansatzweise durch. Die eine besteht darin, dass der Lehrer einen Ball und einen Globus zeigt und mitteilt, dass die Erde *in Wirklichkeit* rund sei wie diese Gegenstände. „Man kann den Schüler diese Angabe täglich wiederholen lassen, bis die Gestalt der Erde und die des Balles in seinem Geist verschmelzen." (Dewey 2002, S. 82) Es handelt sich hier ersichtlich um Informations-Lehren. Der Lehrer teilt mit, was er weiß –, was „man" heute weiß und was man infolgedessen nachzureden hat, wenn man ernstgenommen werden will – und er bedient sich dazu des Lehrgriffs der Illustration. Ball, Kugel, Globus werden in Dienst genommen, um das offiziell als richtig anerkannte Wissen, an dem kein Stäubchen Ungewissheit und Fraglichkeit hängt, zu demonstrieren. Die Illustration kommt so selbstverständlich daher, dass sie fast schon wie ein Beweis wirken muss. Dewey moniert, dass der Schüler bei dieser Instruktion nichts zu denken und zu verstehen bekommt. „Er bekommt keine Idee von der Kugelgestalt der Erde." Er kann Richtigkeiten in seinen Kopf einlagern, er kann nach diesem Unterricht sogar in Testaufgaben die richtige Antwort ankreuzen – aber diese abprüfbare Leistung gibt nichts her über die Karätigkeit seiner Äußerung. Die hinge davon ab, durch wie viele Feuer des Zweifels und der Nachdenklichkeit ein Wissen gegangen und darin gehärtet wurde (um ein etwas dramatisches Bild zu gebrauchen), ehe es von seinem Besitzer als gültig und triftig akzeptiert wurde (vgl. die Kritik an einer entsprechenden PISA 2003 Testaufgabe in Rumpf 2006, S. 14–20. Vgl. auch Rumpf in Herrmann, Hrsg. 2007, S. 15/16). Die scheinbar glatt auf der Sache aufliegende Illustration – die Erde ist eine Kugel wie dieser Ball – verstopft sämtliche Einbruchstellen des Zweifels, des befremdeten Blicks – in dem sich der Gegengedanke melden könnte, dass das ja ganz unmöglich sei, weil die Menschen auf der anderen Seite der Kugel den Kopf nach unten laufen müssten, wenn sie nicht abstürzen würden – vom Meer, das auslaufen müsste, ganz zu schweigen. Von dem Grübeln darüber, wie man auf einen solchen dem Augenschein klar widersprechenden Gedanken hat kommen können, nicht zu reden.

Was der so Instruierte mitbekommt, das mag gemeint sein, wenn man von „totem Wissen" redet. Alle Keime zur Nachdenklichkeit sind abgetötet. Dewey kritisiert einen verwandten Aspekt: Erkenntnisse, d. h. Ergebnisse schwieriger Überlegungen und Erfahrungsprüfungen werden wie Tatsachen mitgeteilt, sie sind somit der in ihnen steckenden und bearbeiteten Dunkelheiten und Schwierigkeiten entledigt: „Auf diesem Wege hat er (sc. der mit dieser Illustration indoktrinierte Schüler) noch keine Idee von der Kugelgestalt der Erde gewonnen. Es ist bestenfalls ein gewisses Bild in seinem Bewusstsein entstanden, und er kann sich zum Schluss die Erde nach Analogie des Balles vorstellen. Aber um die Kugelgestalt der Erde als Idee zu erfassen, muss der Schüler erst gewisse beunruhigende Züge an beobachteten Tatsachen wahrgenommen haben und die Idee von der Kugelgestalt der Erde muss in diesem Zusammenhang als mögliche Erklärung für die wahrgenommenen Phänomene entstehen." (Dewey 2002, S. 82) Und eine Seite zuvor erklärt Dewey ausdrücklich, dass Ideen im gemeinten Sinn nur entstehen können, wenn sich der Erkenntnis und Verständnis Suchende „einer beunruhigenden Situation" ausgesetzt habe. Damit wird das *Durchstehen* einer *beunruhigenden Situation zum Prozess, ohne den kein sachhaltiges und verständnisvolles Urteil über einen Sachverhalt zu gewinnen ist.*

Bemerkenswert, dass die rein illustrative Information über die Erde als Ball oder als Kugel von Dewey nicht als eine solche beunruhigende Situation anerkannt wird. Der Vergleich mit der Kugel, so mag er denken, wirkt nicht als Beunruhigung, sondern viel eher als das Denken einschläfernde Beruhigung – als Lehrerbestätigung dessen, was alle Welt für wahr hält, ohne etwas dabei zu finden. Freilich: wer weiß, wie viele stille Kindergedanken sich schon an die den Augenschein Lügen strafenden Tatbestand gerieben haben ...

Die *beunruhigende Situation* ist keineswegs eine nachträglich als Zugabe zu verstehende Ergänzung der Belehrung – der Art, dass der Lehrer nach der Kugelillustration nun noch etwas erzählt von den Entstehungsbedingungen dieser Erkenntnis. Solcherart sterilisiert verlöre sie ihre das Nachdenken aufreizende Kraft – sie wäre Objekt musealer Besichtigung (und so taucht sie ja in vielen Belehrungsmaterialien auf).

Es handelt sich um ein Kriterium, nach dem sich das reine Informations- und Besichtigungslehren unterscheiden ließe von einem Lehren, das die offene Auseinandersetzung mit dem beunruhigend Unbekannten wagt. Und manche vorgeblichen Vorteile der Planbarkeit und Kontrollierbarkeit drangibt. Es ist keine Frage, dass ein Lehrer der sich mit der Illustration der Erde als Kugel begnügt (und der damit Erwartungen an die korrekte Lehre bedient) manches an Zeit, an Umwegen, an fehllaufenden Irritationen und Ratlosigkeiten einspart – freilich zu einem hohen Preis. Dem vermittelten Wissen sind die belebenden Fremdheitsstoffe entzogen. Was Menschen einst aufs äußerste erregte und herausforderte wird zur hinzunehmenden Tatsache, es wird zur Antwort auf Quiz- oder Testfragen banalisiert. Die großen Fragen haben ihre Würde eingebüsst. Sie sind zu Lernstoff mumifiziert.

Auch für den Laien im Gebiet der Mathematik verständlich hat der Mathematiker Alexander Israel Wittenberg in seinem Buch „Bildung und Mathematik" (Stuttgart 1963) diese Herabwürdigung bedeutender Leistungen des Menschengeistes zu banalen Lernaufgaben im Schulunterricht bewusst gemacht: Wie kann das Denken mit der stupenden Gegebenheit umgehen, dass sich die Diagonale von Vierecken keiner Zählbarkeit mit normal umrissenen Zahlen fügt? Eines „der großen Dramen der geistigen Geschichte der Menschheit – die Entdeckung der Irrationalzahl bei den Griechen" – (Wittenberg 1963, S. 181/182) verkümmert zu einem in einer Viertelstunde durchzunehmenden und zu kapierenden Lehrstoff. Hier muss ein fundamentaler Defekt in der Vorstellung vom Lenen vorliegen (vgl. Rumpf 2004, S. 134 ff.).

Es wäre ein fataler Irrtum, die herkömmliche Lehrerfrage, die ja Fragen nur aus didaktischem Kalkül vortäuscht, für ein Äquivalent jener „beunruhigenden Situation" zu halten, die Dewey im Sinn hat.

Martin Wagenschein hat einen exemplarischen Lehrgang ausgearbeitet und im Detail beschrieben, in dem – ohne dass Dewey ausdrücklich genannt wird – die Forderung Deweys nach dem Auffinden und Durcharbeiten beunruhigender Situationen beispielhaft erfüllt wird: „Die Erfahrung des Erdballs –

Beitrag zu einer genetischen Didaktik der Himmelskunde" (Wagenschein 1970, S. 25–58)

Es handelt sich nach Dewey um den Wurzelbereich eines Lernens, das die Denk- und Verstehenslust von Heranwachsenden nicht abtötet, sondern ernstnimmt und kultiviert. Was sind beunruhigende Situationen? Woran sind sie zu erkennen? An welche Art von Zeiterfahrung sind sie geknüpft? Wie entstehen sie? Wie sind sie zu kultivieren? Welches sind ihre Gefährdungen, ihre Perversionen, ihre Schein- und Kümmerformen? Solche Fragen werden zu den Kernfragen eines Lehrens und Lernens, das sich nicht auf Bewältigung eines fertigen Stoffs durch bloße Aufbereitung von Info-Materialien zufrieden gibt.

Dewey sagt – in dem genannten Werk „How we think" („Wie wir denken") – einiges über das, was das Entstehen „beunruhigender Situationen" verhindern kann – vor allem in dem Kapitel „Die allgemeinen Gründe für falsches Denken – Bacons Trugbilder, Lockes Einteilung irriger Ansichten (Dewey 2002, S. 22 f.). Diese Reihung von Fehlerquellen für sachgemäßes Denken, Verstehen und Urteilen liest sich wie eine Systematik von Motiven, die zur Abwehr und zur Verleugnung beunruhigender Situationen führen. Locke führt eine Reihe von sozialpsychologischen Druckfaktoren an: die Abhängigkeit von anderen, die persönlichen und gruppenbedingten Leidenschaften und Interessen, die Unstimmigkeiten nicht wahrhaben wollen (weil man dann nicht mehr Herr der Situation wäre); die beschränkte Vorerfahrung, die blind sein lässt für das, was nicht in den für normal gehaltenen Rahmen passt, schließlich der Einfluss von für unantastbar gehaltenen Prinzipien und Normen, deren Geltung durch Gewöhnung von Kindheit an durchgesetzt wurde. Was richtig und wichtig ist und also Nachdenken verdient, ist durch solche Faktoren festgelegt – ebenso das, was als indiskutabel, verräterisch, frevlerisch, unanständig und verrückt zu gelten hat und was infolgedessen abgestoßen wird. Versteht sich, dass „beunruhigende Situationen" unter solchen affektiven Bedingungen nicht selten als unerträgliche Belastung und Bedrohung empfunden werden.

Der Politikwissenschaftler Dieter Senghaas hat in einem Referat am Berliner Berghofzentrum für Konfliktforschung (Berlin 4.6.2005) auf die Machtdefinitionen des Sozialwissenschaftlers K. W. Deutsch hingewiesen – sie sind nahe verwandt mit Deweys Kritik an der Lähmung des Denkens und Lernens durch diverse soziale Blockierungen. Deutschs Charakterisierung politischer Macht lautet dem Sinn nach: Macht ist etwas, was dem Machthaber ein Handeln erlaubt, das es sich leisten kann, in Aktion zu treten, ohne sich vorher an undurchsichtigen Situationen lernend abarbeiten zu müssen. Er kann es sich leisten, Unsicherheiten in seinem Umgang mit sich und den Realitäten zu annullieren. Der Machthaber kann definieren, was real, was wichtig und was richtig ist. Seine Zensurposition erspart die Erfahrung von Zweifel angesichts einer von Ambiguität, von Vieldeutigkeiten durchsetzten Welt. Senghaas zitiert Karl Deutsch: „‚In simple language, to have power means not to have to give in, and to force the environment or the other person to do so. Power in this narrow sense is the priority of output over intake, the ability to task instead of listen. In a sense, it is the ability to afford not to learn.' Macht definiert als Fähigkeit, es sich leisten zu können nicht zu lernen." (Senghaas 2008, S. 11) Und „… weil zu wenig Machtressourcen jeglicher Art das System gegenüber der Umwelt ohnmächtig machen, während auf der anderen Seite zu viel Macht zu einem destruierenden Lernen führen kann. Sich leisten zu können, nicht zu lernen – in dem emphatischen Sinn, sich von Unbekanntem treffen zu lassen – das eben heißt: mächtig zu sein; sich erlauben zu können, immerzu zu sprechen und nicht zuzuhören, darin liegt Macht" (Senghaas 1966, S. 260). Machtpositionen und ihre Ausstrahlung gibt es selbstredend nicht nur in der Politik im engeren Sinn, sondern auch in Institutionen der Wissenschaft, der Kunst, der Religion, der Ökonomie, des Rechts etc. Senghaas nennt diese lernpathologisch entgleiste (bzw. erstarrte) Weltbeziehung treffend „autistisch". Eine Ausarbeitung dieser Lernpathologien hat Senghaas in seiner Schrift „Zum irdischen Frieden" vorgelegt (Senghaas 2004, dort vor allem S. 101–107). Er bringt damit die von Dewey zitierte Kritik von Locke und Bacon auch in die psychoanalytisch inspirierte Linie der modernen politischen Psychologie – „Dem Bewusstsein unerträgliche Situationsaspekte bekommen keine dem Bewusstsein ohne weiteres zugängliche Repräsentanz, sondern werden ‚verdrängt'."(Klaus Horn 1989, S. 67)

Die Auswirkungen auf die in einer Gesellschaft herrschenden Vorstellungen vom „richtigen Lernen" sind bedeutend – sie sickern durch in den Alltag, sie infiltrieren andere Lernbereiche – vor allem solche, in denen Offenheiten und Brüche essentiell sind wie in den Künsten. Lernen(im reduzierten Alltagsverständnis) hat demnach fixe Richtigkeiten in den Kopf zu transportieren (im Unterschied etwa zu dem allgemeinen Wortgebrauch von „Studieren" heißt Lernen im burschikosen Umgangston so viel wie „sich etwas reinziehen"). Zweifel und Skepsis, das Freilegen von Widersprüchen und Fremdheiten kann dann nicht als *Lern*ziel im eigentlichen Sinn gelten. Das sokratische Wissen des Nichtwissens steht da nicht hoch im Kurs. Lernen in diesem Trivialsinn spart Zeit, Umwege, Annäherungsbemühungen – Machthaber (und Wahrheitsbesitzer) aller Art können es sich leisten, solche Schwachstellen ihrer Sicherheit gar nicht erst aufkommen zu lassen. Wissen droht damit zum Bescheidwissen zu schrumpfen wie Lehren zum Bescheidgeben und Lernen zum Übernehmen des in einer Gesellschaft von den zuständigen Experten für gültig erklärten Wissens – wie etwa die Überzeugung, dass die Erde, dem alltäglichen Augenschein widersprechend eine Kugel ist.

Bei Dewey ist über eine Ansprechbarkeit von Kindern zu lesen, welche die Empfänglichkeit von Intelligenzen Erwachsener qualitativ zu übertreffen das Zeug hat: Sie ist da mitnichten als zu überwindende Vorstufe mit geringerer Abstraktionskraft aufgefasst.

„Für den geistig Regen gehen von der Natur und der Umwelt eine Unzahl verschiedenartiger Reize aus, die ihn anspornen, weiter zu forschen. Wenn diese keimenden Kräfte nicht genützt werden, so kann es leicht geschehen, dass sie verkümmern und absterben oder an Intensität verlieren. Besonders das feine Empfinden für etwas, das fraglich und unsicher ist, wird leicht erstickt. In einigen Menschen ist die geistige Neugierde so unstillbar, dass nichts sie zu entmutigen vermag, aber bei den meisten erlahmt sie leicht und wird stumpf. Bacons Worte, dass wir wie die kleinen Kinder sein müssen, um in das Königreich der Wissenschaft eingelassen zu werden, soll uns sowohl an das neuen Eindrücken aufgeschlossene Staunen der Kinder erinnern wie auch an die Leichtigkeit, mit der diese Gabe wieder verloren geht. Bei manchen macht sie Stumpfheit Platz oder leichtfertigem Geschwätz. Viele entgehen diesem Übel nur, um sich hinter einem starren Dogmatismus zu verschanzen, der dem geistigen Staunen nicht minder verhängnisvoll wird oder sie gehen so sehr in Routine auf, dass sie neuen Tatsachen und Problemen unzugänglich werden. Oft wird die Neugier ganz in den Dienst des Eigeninteresses oder des gewählten Berufes gestellt ... Was die Neugierde betrifft, so hat der Lehrer oft mehr zu lernen als zu lehren. Selten kann er die hohe Mission erfüllen, den Funken zu entzünden. Seine Aufgabe ist vielmehr, die heilige Flamme das Staunens, die schon glüht, zu beschützen und anzufachen. Es ist auch in seine Hände gelegt, günstige Bedingungen für das Gedeihen diese Freude am Forschen herzustellen und den jungen Menschen davor zu bewahren, dass ein Zuviel an Eindrücken ihn für Neues unempfänglich macht, Routine ihn abstumpft und dogmatische Lehren ihn verknöchern oder dass er seine Kräfte planlos an nichtige Dinge vergeudet." (Dewey 2002, S. 29)

In der außerordentlich anregenden Arbeit von Arno Combe und Ullrich Gebhard („Sinn und Erfahrung – Zum Verständnis fachlicher Lernprozesse in der Schule, Opladen 2007) werden Deweys Analysen zur Irritation gewürdigt. Irritationen können fruchtbarer Erfahrungs- und Lernprozesse auslösen. Das wird im Licht neuerer Dewey-Forschungen eindringlich erörtert. Die „Beunruhigung durch das Unerwartete" ist „der Anstoß für alles spätere reflexive Verhalten des Untersuchens und Lernens" (Combe/Gebhard 2007, S. 50). Der Akzent auch dieser Dewey-Deutung liegt zweifellos auf einer Bearbeitung der Beunruhigung, die über Fragen und Hypothesen schließlich zu Handlungsversuchen (S. 48), zu einer „neuen Sicht der Dinge"(S. 49), zu einer wie immer gearteten Verminderung der Beunruhigung, zu „einer je individuell zugänglichen Problemlösung" (S. 57) führt – die Bearbeitung kann auch – hier greifen die Autoren auf Deweys Buch „Kunst und Erfahrung" zurück, – den Charakter der phantasiegetragenen Ausdrucksgestalt haben (S. 51/52).

Dabei bleibt ein Aspekt merkwürdig unterbelichtet – der Aspekt, der in der oben zitierten Passage aus dem frühen Werk „How we think" noch stark hervortritt: Dass es nämlich (etwa bei Kindern, deren Geist nicht durch verfrühte Informationen gelähmt wurde) eine Vertiefung in das Unstimmige, Unbegreifliche, Fragliche und Unsichere der Erfahrung gibt, die nicht auf Bereinigung sondern auf Intensivierung eben dieser Irritation hin orientiert ist. Dieser Vertiefung geht es nicht um das Wegschaffen des Staunens, sondern um seine Anfeuerung – daher das starke Bild von der heiligen Flamme des Staunens, die der Lehrer zu hüten – nicht aber durch Problemlösung kraft einer motivierenden Übergangsphase zu löschen habe. „König Lear", „König Ödipus" – in welche Erfahrungen wird der Zuschauer dieser Tragödien gestürzt – in die schreckende Erfahrung unversöhnbarer Brüche in und zwischen Menschen (vgl. Bohrer 2009, S. 285 ff.) oder in Konflikte, deren Lösung schrittweise angebahnt wird? Und: Welches war die Faszination, die von dem historischen Sokrates ausging – dieses etwas zänkischen alten Mannes, der mit seinen bohrenden Fragen alle Antworten demontierten – und die schlecht aussehen ließ, die über Problemlösungen zu verfügen wähnten.

Deweys Kritik zielt auf Umweltbedingungen, die die Neugier auf Unbekanntes, die Betreffbarkeit durch Unsicheres ersticken – auch durch Zwangsbelehrungen, die fertiges, zu Dingen abgepacktes und vorerledigtes Wissen zu lernen vorschreiben. Vielfältige Forschungen und Veröffentlichungen des Hirnforschers Gerald Hüther kreisen um die Frage, durch welche Erfahrungen Kinder und Heranwachsende um die Chance gebracht werden die eminenten Lernpotentiale des Gehirns zu nutzen: *„Um die genetisch angelegten Möglichkeiten zur Ausbildung hochkomplexer und zeitlebens veränderbarer Verschaltungen in vollem Umfang nutzen zu können, braucht ein menschliches Gehirn optimale Entwicklungsbedingungen."* (Hüther 2007, S. 72) Um sich auf Irritationen durch unbekannte, vieldeutige und veränderliche Widerfahrnisse – die jedem Heranwachsenden begegnen – so einzulassen, dass daraus der schöpferische Wagemut und das Handlungsinteresse des mündigen Menschen entstehen, bedarf es nach Hüther als des wichtigsten sozialen Lebenselixiers der Erfahrung, dass es seine Angst vor dem Unabsehbaren bewältigen kann – und das kann nur gelingen, wenn in ihm ein basales Gefühl der Sicherheit und Geborgenheit existiert – das wiederum ist gebunden an die Zuwendung von Mutter, Vater und anderen möglichst verschiedenartigen Erwachsenen (Hüther 2007, S. 72–96).

Eine mögliche Fehlentwicklung liegt „in der Bahnung sehr einseitiger neuronaler Verschaltungsmuster"(S. 80). So wie es Menschen gibt, die – auch angesichts der Reizüberflutung – von „zu starker Offenheit" (S. 95) sozusagen imprägniert sind, so gibt es auch das Gegenteil der „zu starken Verschlossenheit". Sie erstarren, „weil sie nur selten die Erfahrung machen, dass es wichtig ist, eigene Kompetenzen zu erwerben" (S. 96). Sie werden eingespurt, abgefertigt mit dem (oft viel zu frühen) Lernen feststehender Lernstoffe, die nur zur Kenntnis zu nehmen sind – gereinigt von allen herausfordernden Unabsehbarkeiten. Diese Verwahrlosung des „nutzungsabhängigen plastischen Potentials des menschlichen Gehirns" (Hüther 2007, S. 84), dieser Verschleiß von Ansprechbarkeiten wird auch schon in der zitierten Dewey-Passage angeprangert. Die Gegenratschläge Hüthers lesen sich wie ein aktueller Kommentar zu Deweys Diagnose der „Stumpfheit und des „leichtfertigen Geschwätzes": *„Was ihnen helfen kann und was sie brauchen, ist genau das Gegenteil von dem, was diejenigen brauchen, die zu aufnahmefähig und zu offen sind. Sie brauchen Menschen, von denen hinreichend starke Reize ausgehen, die etwas mehr Chaos in ihre Welt bringen, etwas mehr Unvorhersehbarkeit, Unregelmäßigkeit und Unstrukturiertheit, also Menschen, mit denen sie immer wieder etwas erleben, was ihnen unter die Haut geht, ihr emotionales Gleichgewicht erschüttert und sie zwingt, nach neuen Lösungen zu suchen."* (Hüther 2007, S. 96)

In Anlehnung an die oben vorgeschlagene Grobunterscheidung: Ihnen mangelt es an Lernen 2 – sie klammern sich an Lernen 1, sie suchen (mit Herbart gesprochen) im Neuen immer nur das Alte (Herbart 1965, S. 64). Sie suchen Sicherheit, sie haben Angst vor dem, was nicht zu den standardisierten Normalitätserwartungen passt. Und ein Bildungssystem, das zur Jagd nach Noten und Punkten anstachelt, befeuert diese Angst.

Wie ein weiterführender Kommentar zu Deweys – und Hüthers – Darstellung kindlicher Erschütterbarkeiten liest sich eine Bemerkung von Paul Valery: „In jeglichem Augenblick weigern wir uns, *unser Ohr dem Unbefangenen zu leihen,* das wir in uns tragen. Wir unterdrücken das *Kind in uns,* welches immer *zum ersten Male sehen* will. Wenn es fragt, weisen wir seine Neugier zurück. Weil sie grenzenlos sei, schelten wir sie kindisch und brüsten uns damit, in der Schule gewesen zu sein und dort gelernt zu haben, dass es für alles eine Wissenschaft gibt, bei der wir uns nur zu erkundigen brauchen. Es würde doch seine Zeit verlieren heißen, wollte man selber und gar *auf seine eigene Art zu denken anfangen,* sobald irgendetwas von ungefähr uns auffällt und eine Antwort von uns erheischt." (Valery 1947, S. 203)

Weiterführende Beispiele (J. S. Bruner, Othello)

Kinderbetroffenheiten, Kindernachdenklichkeiten sind unterschätzt, wenn sie zu Vorstufen oder Rohstoffen im Dienst höherer kognitiver Verarbeitungen eingespurt und verarbeitet werden. Es folgen zwei Beispiele, die Licht werfen auf das, was Dewey vermutlich mit „der heiligen Flamme des Staunens" meinte – und wofür eine forcierte Belehrungsdidaktik keinen Sinn – und keine Zeit hat.

Es gibt eine Staunkraft, die sich am Phänomen entzündet und die sich nicht durch Abstraktionen entkräften lässt. Sie dringt auf Vertiefung und Intensivierung, nicht auf Erledigung. Ihr Material kann ein physikalischer Tatbestand so gut sein wie Shakespeares Tragödie „Othello". Sie sucht Berührung und Präsenz, nicht Erledigung und Beherrschung. Der reformpädagogisch inspirierte Kognitionspsychologe J. S. Bruner ist ihr anlässlich einer Erinnerung aus seiner Schulzeit auf der Spur.

Er erzählt aus seiner Lernbiographie: Er erinnert sich an eine unvergessliche Lehrerin, Miss Orcutt. Sie erklärte vor der Klasse: „Nicht dass Wasser bei Null Grad Celsius zu Eis wird, ist eine sehr rätselhafte Sache, sondern dass es sich von etwas Flüssigem zu etwas Festem verwandeln soll … Dann fuhr sie fort, uns eine intuitive Beschreibung Braun'scher Teilchenbewegung zu geben, während sie zugleich ein Gefühl des

Staunens zum Ausdruck brachte, das meinem eigenen Gefühl entsprach oder es sogar übertraf, welches ich in diesem Alter (von etwa zehn) für alles empfand, worüber ich nachdachte, bis hin zu solchen Sachen, wie das Licht von erloschenen Sternen, welches sich immer noch zu uns auf dem Weg befindet, obwohl seine Quelle bereits versiegt ist. Tatsächlich lud sie mich ein, *meine* Welt des Staunens zu erweitern, um die *ihre* zu umgreifen. Es war nicht so, dass sie mich bloß informierte." (Bruner 2003, S. 491)

Was tut die Lehrerin? Sie versteht ihre Tätigkeit nicht als Information, auch nicht als Hilfe zum Aufbau einer Kompetenz zur richtigen Lösung von Aufgaben. Grotesk äußerlich wäre ja wohl eine Testfrage der Art: Was ist erstaunlicher – die Tatsache, dass Wasser bei Null Grad Celsius zu Eis wird oder dass aus dem flüssigen Wasser das feste Eis werden kann?"

Aus der prinzipiell weder machbaren noch in Testitems nachprüfbaren Betroffenheit von einem Phänomen würde eine intersubjektiv feststellbare Leistungsfähigkeit – eine messbare und kontrollierbare Qualitätsbeschaffenheit (ähnlich der Haarfarbe oder dem Gewicht). Menschenstaunen ist eine Erschütterbarkeit, die sich solcher Feststellbarkeit entzieht. Wer sie als fixierbare Manifestation einer bestimmten Kompetenz feststellen und messen will, verfälscht und verjagt sie. Wer, der eine Beziehung zur Sache hat, käme schon auf die Idee, die Erfahrungen, die im Fluss der lebendigen Anteilnahme an einer antiken Tragödie, einer Mahler-Sinfonie, einer Konfrontation mit einem Gemälde von Hopper, der Lektüre eines Thomas Mann-Romans aufbrechen und einen für unwiederholbare Augenblicke aus der Bahn der Lebensroutine werfen – wer käme auf die Idee solche dynamischen Betroffenheiten zu entzeitlichen und gewissermaßen auf Flaschen zu ziehen, um sie in isolierbar messbare Lernleistungskataloge abzufüllen?

Bruner fährt fort „Es war nicht so, dass sie mich bloß informierte … Eher verhandelte sie über die Welt des Staunens und der Möglichkeit. Moleküle, Festes, Flüssiges, Bewegung waren keine Fakten; sie sollten in Nachdenken und Vorstellen verwandelt werden. Miss Orcutt war eine Seltenheit. Kein Wunder, dass ich mich ziemlich in sie verschossen habe. Sie war ein menschliches Ereignis, kein Übertragungsinstrument.

Es ist nicht so, dass meine anderen Lehrer nicht ihre Einstellungen zum Ausdruck brachten. Deren Einstellungen waren nur in einer so abstoßenden und öden Weise informativ. Was gab es darüber nachzudenken?" (Bruner 2003, S. 491)

Die Funken des Geistes, von denen Dewey in der oben zitierten Passage schrieb, sie entzünden sich an Bruchstellen der Erfahrung, wenn die von einem lebendigen Menschen hier und jetzt, in einer konkreten Begegnungssituation glaubhaft und authentisch wahrgenommen und durchlebt werden. Filmaufnahmen reichen da so wenig wie Rollenspiele vom Typ „Stellen wir uns einmal ganz dumm". Wirkliches Staunen, wirkliches Nachdenken steckt an – es entzieht sich der technischen Konstruierbarkeit. Allbekannte Tatsachen zeigen plötzlich ungeahnte Züge. Die Instruktion, die korrekte Informationen vermittelt, hat sich gegen solche Erschütterungen immunisiert. Wo es nichts zu staunen und zu zweifeln gibt, dort gibt es auch nichts zu denken. Man kann Ergebnisse lernen ohne eine Ahnung von den „Welten des Staunens" gehabt zu haben, in denen sie wurzeln.

Aber – so mag sich die Gegenfrage melden: bedeutet Lernen nicht auch immer „Kennenlernen" – und gibt es nicht Stufen des Kennenlernens, die sich dadurch unterscheiden, dass sie sich auf immer höhere Abstraktionsstufen heben – dass also das einzelne Widerfahrnis in aufsteigender Weise als Verkörperung immer abstrakter zu fassender Zusammenhänge entziffert wird? Wobei die sinnlich zu empfindenden Erschütterungen und das Staunen im Lauf einer westlich zivilisierten Normalbiographie ständig an Intensität verlieren? Eine Spielart, konkrete Widerfahrnisse auf eine abstrakte Ebene zu heben, liegt auch in der Umsetzung eines Tatbestandes in mathematische Zeichen: wenn die Temperaturdifferenzen des Wassers beim Übergang in den festen Eis-Aggregatzustand gemessen und in Zahlen umgesetzt werden, dann liegt auch darin schon eine Abstraktion: Zahlen sind nicht mehr oder minder kalt, sie sind nicht berührbar wie das, wofür sie stehen, von dem sie „abgezogen" – d. i. abstrahiert) wurden. Es scheint, als verminderten Abstraktionen die sinnliche Wucht und Undurchdringlichkeit des Phänomens und ermöglichten eine höhere Stufe der Erkenntnis. Deutlich zu sehen ist das an den vorgeschlagenen Kompetenzstufen der Lesekompetenz in der klassischen PISA-Forschung (PISA 2000, S. 89).

Bruner hält die abstrahierende Art der Distanzierung nicht für die allein und auch nicht für die jedem Inhalt angemessene – er sieht in der Gleichsetzung von Höherentwicklung und höherer Abstraktionsfähigkeit sogar *gefährliche* Tendenzen zur Erblindung für Formen einer intensiven Weltbegegnung, die nicht auf distanzierender Begrifflichkeit und Abstraktion gründet ...

„Nun besteht ein Großteil des Bildungsprozesses darin, sich in irgendeiner Weise vom eigenen Wissen zu distanzieren zu können, indem man in der Lage ist, über das eigene Wissen zu reflektieren. In den meisten zeitgenössischen Theorien der kognitiven Entwicklung – seien sie auf der Linie von Piagets oder von Theorien der Informationsverarbeitung inspiriert – wurde dies im Sinn des Erreichens abstrakteren Wissens interpretiert, das durch formale Operationen oder den Gebrauch abstrakterer symbolischer Systeme erlangt wird ... Aber ich denke, es ist gefährlich, die intellektuelle Entwicklung ausschließlich in dieser Weise zu betrachten, denn man würde die Bedeutung intellektueller Reife verdrehen, wenn man ausschließlich solch ein Modell verwendete. Es ist nicht so, dass ich jetzt den ‚Othello' in einer abstrakteren Weise ‚verstehe', als ich es mit 15 tat, als ich zum ersten Mal diesem dunklen Stück begegnete. Es ist nicht einmal so, dass ich über Stolz, Neid und Eifersucht mehr wüsste als damals. Auch bin ich mir nicht sicher, dass ich die Furien besser verstehe, die Jago dazu treiben, die Zerstörung seines Herrn zu planen, und was für eine Art unfreiwillige Naivität den Mohr an der Einsicht hinderte, dass ihn seine Eifersucht gegenüber Desdemona zum Untergang führen würde. Es ist eher so, dass ich in dem Stück ein Thema wahrzunehmen lernte, eine Zwangslage, etwas Nicht-zufälliges an der condition humaine. Ich glaube nicht, dass mein Interesse an Theater und Literatur mich *abstrakter* gemacht hast. Stattdessen hat es mich auf dem Weg zu den möglichen Welten begleitet, die die Landschaft des Nachdenkens über die condition humaine bilden, die condition humaine, wie sie in der Kultur, in der wir leben, existiert. Sie lieferten mir das Gegenstück zu Paradigmen, die die Wissenschaft kennzeichnen." (Bruner 2003, S. 492/493)

Das „feine Empfinden für etwas, das fraglich und unsicher" kann intensiver und differenzierter werden – das heißt aber nicht, dass das Wissen um diese Züge (etwa an Shakespeares Othello) abstrakter wird und sich immer nachhaltiger abstößt und ablöst von den konkreten Geschehnissen – eher im Gegenteil: das Wissen um dieses dunkle Werk (und es kann für jedes authentische Kunstwerk stehen) dringt immer tiefer in das Widersprüchliche und Unbegreifliche dessen ein, was in „Othello" in und zwischen den Menschen als Schicksal am Werk zu sein scheint. Man könnte sogar sagen: Je bekannter einem Leser oder Zuschauer einem Menschen dieses Werk zu werden scheint, um so rätselhafter und unbekannter wird es. Die Landschaft der *condition humaine* gewinnt an Eindringlichkeit und verliert an Begreiflichkeit.

Dewey schreibt in großer Nähe zu Bruners Zweifel an einer Wissenshierarchie, die dem abstrakten Wissen einen höheren Rang zuspricht: „Das Allgemeine, Wiederkehrende und Extensive wurde als die wertvolle und höhere Art von Sein angesehen; das Unmittelbare, Intensive, Flüchtige und qualitativ Individualisierte galt nur dann als wichtig, wenn es etwas Gewöhnlichem zugerechnet wird., denn nichts anderes bezeichnet ja das Universale. In Wahrheit sind das Universale und Stabile wichtig, weil sie Mittel, sind, die wirksamen Bedingungen des Einzigartigen, Unstabilen und Vergehenden ..." (Dewey 1995, S. 122) Dewey scheut nicht die Konsequenz: Die auf das Allgemeine und Bleibende gerichtete Erkenntnis hat es nur mit dem Gewöhnlichen, d.h. dem Universale zu tun – die Umgangsform hingegen, die sich einlässt auf das „Einzigartige, Unstabile und Vergehende" lässt sich vom Kern der Wirklichkeit treffen und aufstören. „Der Glanz des Augenblicks und seine Tragödie werden gewiss vergehen. Das Kontingente, Ungewisse und Unvollständige gibt den vollendeten Objekten Tiefe und Umfang." (Dewey 1995, S. 123)

Abstraktionsbemühungen suchen nach Hauptnennern zwischen unterschiedlichen Gegebenheiten – das heißt am Othello-Beispiel: Wenn das um Verständnis bemühte Denken auf diese Spur gesetzt wird, wird es suchen nach Gemeinsamkeiten in Shakespeare-Tragödien, in Tragödien überhaupt in Eifersuchtsdramen im Allgemeinen usf.

Keine Frage – so sind relevante Erkenntnisse zu gewinnen, freilich nicht ohne einen Preis zu bezahlen: Man kann dadurch allmählich unempfindlich werden für die sperrigen und irritierenden Einzelheiten (etwa in den obszönen Verbalexzessen des Jago). Dewey macht aufmerksam auf die Verluste, die die Höherentwicklung des Denkens und Erkennens mit Fortschritten in der Abstraktionshöhe gleichsetzen. Der Gewinn an Universalität des Gedankens kann die Betreffbarkeit durch das widerspenstige Besondere kosten: „Wenn die klassische Philosophie so viel über die Einheit und so wenig über die unversöhnliche Verschiedenheit sagt, so viel über das Ewige und Permanente und so wenig über die Veränderung (außer als etwas, das über die Kombinationen des Permanenten aufgelöst werden müsse), so viel über Notwendigkeit und so wenig über Kontingenz, so viel über das umfassend Universale und so wenig über das widerspenstige Einzelne, dann vielleicht deshalb, weil die Zweideutigkeit und Ambivalenz der Realität so universal sind." (Dewey 1995, S. 60)

Die zitierte Bruner-Passage über die Intensivierung eines Verständnisses, das nicht gleichzusetzen ist mit einem Zuwachs an Abstraktionsgewinnen, steht in Zusammenhang mit der unmittelbar zuvor erzählten Erinnerung an die Staunkraft von Miss Orcutt – und an die durch sie angestiftete Initiation in ihre Welt des Staunens.

Fazit: Es gibt Weltzuwendungen, in denen das sichere Vorwissen mitsamt dem routinierten Weltumgang in die Brüche geht. Erstaunt, erschreckt,, aufgestört gewärtigt man an Dingen und Geschehnissen Züge, als sähe man all das wie zum ersten Mal. Im Theater, im Alltag, im Umgang mit Dingen und Geschehnissen, mit Kunstwerken jeder Art kann wieder etwas von dem erstaunten, befremdeten, verlangsamten Kinderblick auftauchen, von dem Autoren wie Dewey und Valery mit äußerstem Respekt schrieben. Als würde in ihm der Menschengeist die Augen aufschlagen, der gar zu leicht von Informationen über Fertigwissen eingeschläfert wird.

Kapitel 4:
„Der Körper denkt immer" (Bourdieu) – Lernen und Leiblichkeit

„Der Körper denkt immer." (Bourdieu 1976, S. 199) Was kann Bourdieu damit meinen? Und: Was wird dem Körper von seiner jeweiligen Welt zu denken gegeben?

Der Körper ist demnach ist keine träge passive Masse – auch nicht ein vom Gehirn zu benutzendes und zu bedienendes Instrument: weder Mehlsack noch Apparat, sondern ein weltfühliges Organ, das aus dem etwas macht, was ihm entgegenkommt, worin er sich vorfindet, was ihm vorgezeichnet wird.

Etwas, was diesem Körper in seiner Biographie widerfährt und womit er irgendwie fertig werden muss, ist das, was wir Erziehungs-Aktionen nennen. Unweigerlich widerfährt solches den Kinderleibern: sie werden überformt, um eines Tages in der Gesellschaft der Erwachsenen mithalten zu können. Der pädagogischen Arbeit kommt nach Bourdieu die Funktion zu, den „wilden Körper" und vornehmlich „den asozialen Eros, der allezeit und auf der Stelle nach Befriedigung verlangt", durch einen „habituierten" d.h. zeitlich strukturierten Körper zu ersetzen" (Bourdieu 1976, S. 199). Ein starkes Bild: Die Erwachsenengesellschaft hat gegenüber dem Neuankömmling gewissermaßen einen Körperaustausch durchzusetzen, damit der Nachwuchs zivilisationsfähig wird.

Wie unterscheiden sie sich, wie stehen sie zueinander – die beiden Körperlichkeiten. Man mag den habituierten, von geregelter Zeitlichkeit überformten Körper den Körper 1 nennen – Körper 2 soll im Gegensatz dazu der „wilde" Körper heißen, der sich nicht ohne weiteres dem Gebot des Nacheinander, des „Jetzt nicht" unterwirft, weil er immer sogleich Befriedigung will.

Zunächst zu Körper 1: Das Alltagsleben der westlichen Zivilisation erzwingt über viele Kanäle seine Durchsetzung. Eine paradigmatische Schule ist der Straßenverkehr. Das Warnschild „Vorsicht – Spielende Kinder!" signalisiert die prekäre Situation, die eintritt, wenn Kinder ihren spontanen Regungen freien Lauf lassen – sie und der Verkehr sind bedroht von nicht kalkulierbaren Spielregungen; die gehorchen nicht den Geboten des Straßenverkehrs, der verlangt Affektkontrolle, bei Strafe des Überlebens. Es geht der Verkehrserziehung demnach darum, einen verkehrstüchtigen Körper herzustellen, der ähnlich kalkulierbar funktioniert wie ein Verkehrsfahrzeug. – Rennen, Taumeln, plötzliche Geschwindigkeitsänderung, jähes Stehenbleiben beim Passieren eines Übergangs, plötzliche Kehrtwendungen oder unvorhersehbares sich Hinwerfen, etwa weil ein Ball geflogen kommt – solche Regungen sind zu eliminierende Störfaktoren. Und der objektiv geregelte Verkehr schreibt Bewegungen vor, die für jeden Verkehrsteilnehmer kalkulierbar sind. – Was die Ampel fordert, hat allemal Vorrang vor dem, was eine Spielsituation (in einem Fangspiel, einem Ball- oder Versteckspiel) an Verlockungen zu plötzlicher Reaktion nahe legt. Und der Erwachsene hat mit strengen Sanktionen zu rechnen, wenn er Erinnerungen und daran haftenden Bewegungsimpulsen nachgibt, die sich an einem Gartenflieder, einem Gesicht, dem Kleid eines Passanten, einem durch die Wolken dringenden Sonnenstrahl entzünden mögen. Der Verkehr erzwingt eine die Umwelt radikal homogenisierende Priorität in der Aufmerksamkeit. Etwa durch überraschende Umweltereignisse hervorgerufene Affekte sind so zu disziplinieren, dass sie nicht die Motilität infiltrieren – sich also in jähe Bewegungen umsetzen. Fußballfans nach dem Gewinn der Meisterschaft ihres Vereins sind für jede Verkehrspolizei begreiflicherweise ein Alptraum.

Mit dem Straßenverkehr verwandt ist ein Schulungskurs, der den Körper 1 im Umgang mit der Welt der uns umgebenden Apparate erzeugt. Die vielfältigen Apparate, die uns zu Diensten sind und beschwerliche oder langwierige Körpertätigkeiten einsparen, verlangen unerbittlich Anpassungen der Körperregsamkeit. Man erwäge, wie viele Knopfdrücke und Schalterbedienungen einem zivilisierten Menschenkörper an einem Tag abverlangt werden – von Küchengeräten bis zur

Bedienung von Kommunikationsutensilien, vom Automobil bis zum Kugelschreiber, vom Fahrscheinautomaten bis zum Fernseher – unentwegt wird eine Feinmotorik angefordert, die sich präzis auf den Druckknopf oder den Schalter einlässt – nicht zu schwach, nicht zu fest, geradlinig und ohne Umschweif. Und welche Verschiedenheiten werden durch die strukturell identische knappe Knopfdruckbewegung in Gang gesetzt! Affekte in der Bewegung sind sinnlos oder grotesk – was das Beispiel zeigt, wenn jemand wütend gegen eine sich gerade vor ihm verschließende Straßenbahn-Tür trommelt, als würde sie seine Empörung spüren. Oder wenn er sein nicht funktionierendes Handy an die Wand wirft oder auch das Fernsehbild beschimpft.

Die sinnliche Handlung des Knopfdrucks, der Schalterbedienung ist hochgradig reduziert und abstrakt, das heißt unspezifisch – es ist mit keiner körpersensiblen Vernunft zu spüren, wie das, was ich (knopfdrückend) tue mit dem zusammenhängt, was ich erreiche und bewirke. Der Zusammenhang von Handlung und Wirkung ist entsinnlicht. Der Widerstand der sinnlichen Welt (die fühlbar wird, wenn ich etwa eine schwere Tür mit eigener Kraft öffne oder schließe) ist der Tendenz nach für den Körper unspürbar gemacht, dem sich die Tür auf Knopfdruck oder automatisch öffnet. Die Apparate werfen den Weltwiderstand an unser statt nieder, einerlei ob es Gewichte oder Entfernungen oder Unbequemlichkeiten (wie übermäßige Kälte oder Wärme) sind, was uns entgegensteht. Sie gehorchen, die Apparate, wenn wir ihnen hinsichtlich der von ihnen vorgezeichneten Körperbewegungsvorschriften gehorchen. Die sogenannten Bedienungsanleitungen lassen es ja an Genauigkeit gewöhnlich nicht fehlen. Unser Körper – der sich der Apparate bedient – hat sich anderseits zuvor den Forderungen der Apparate zu fügen, er hat insofern zu funktionieren. Man kann auch sagen: er hat sich zu einem Anhängsel des Apparats zu machen. Noch einen Dreh schärfer formuliert: er nähert sich dem Zustand an, in dem er zu einer Prothese für Knopfdrücke schrumpft. Die Fortschritte in dieser Richtung auf dem Gebiet der Kommunikation liegen buchstäblich auf der Straße – die Körper werden Anhängsel des Handy, das die Gesten vorschreibt. „Per Knopfdruck durch die Kindheit" –

ein aufschlussreicher Titel einer Schrift von Sabine Jörg aus den Anfängen der Entwicklung.

Straßenverkehr und Apparatewelt – sie erzwingen, dass wir dem Nachwuchs einen Körper anerziehen, der ein bestimmtes Sinnlichkeitsrepertoire unverzüglich und problemlos abrufen kann – wenn es die Situation erfordert. Typische körperliche Aktionsformen sind die von Schnelligkeit, Geradlinigkeit, Eindeutigkeit, punktueller Präzision – die sich nicht ablenken lassen von Einfällen und Wünschen, die ihrerseits durch besondere situative Umstände hervorgelockt sein mögen. Auszutreibende Formen der Körperbewegung sind demnach schon durch abschätzige Benennungen zu charakterisieren: Plump, lahm, steif, zitterig, fahrig darf es nicht sein, das alltagstaugliche Bewegungsrepertoire des Körpers 1 – auch nicht zappelig, hüpfig, taumelig oder gar schläfrig, zögerlich, unberechenbar, von spontanen Wallungen geschüttelt. Für keine anderen Affekte durchlässig hat er zu sein als für solche, die der korrekten Apparatebedienung, der korrekten Kommunikationsabwicklung und der ungestörten Verkehrsabwicklung dienlich sind.

Und wenn man nach dem Schicksal des Körpers in der Schule, wie sie in unserer Zivilisation entstanden ist, fragt, wird man viele Parallelen zu dem finden, was Verkehr- und Apparatewelten fordern und leisten: Für das Leben fit werden, das lernt man durch vorübergehende, aber weitgehende Ausklammerung von unvermittelten, überraschenden und realistischen Herausforderungen von Situationen – die Welt wird auf eine bestimmte Wissbarkeit und eine bestimmte Lernbarkeit hin präpariert. Und der wilde Körper ist im Zug der Aneignung dieser lernbar gemachten Welt stillzulegen, bzw. auf minimale Schreib-Lese-Sprechbewegungen hin zurückzunehmen. Die wissbar gemachte Welt – exemplarisch neuerdings INTERNET – schrumpft den Bewegungsalltag zu sitzenden Körpern, von der Mattscheibe absorbierten Augen, hörenden Ohren, tippenden Händen – so das sich abzeichnende Erscheinungsbild des „learners" in Schulen und anderen Lernräumen, dem als Ausgleich für den Lern-Ernst wohl gewisse Spiel-Räume und Pausen zugestanden werden. Lehrmittel und Lehrformen fordern eine Körperdisziplin, die dem entspricht, was für Straßenverkehr und Apparatewelt gesagt wurde: Jähe unvermittelte Affektausbrüche sind ebenso wie unabsehbare Verlangsamungen unter der Decke zu halten sie sind störend und kontraproduktiv. Der Sog der Technisierung, die schleunige Zurücklegung aufkosten wirklicher langwieriger Annäherungsbemühungen garantiert, ist auch im Schulunterricht aller Stufen und Fächer am Werk. Sinnlich durchwachsener Wildwuchs von Bewegungen, Gefühlen, Gedanken ist unverträglich mit standardisierten Lernvorgängen (vgl. das Kapitel „Die Sinne in der Pädagogik" bei Rittelmeyer 2002, S. 99–104).

Die Sinnlichkeit wird dadurch gezähmt, dass sie – jedenfalls vorwiegend im offiziellen Lernbereich – an vorgeplanten Experimenten, an Schau-Bildern, Filmen, Modellen zum Zug kommen darf, um fixierte Lernziele bzw. Bildungsstandards zu erreichen. Komplexe sinnliche Erfahrungen schrumpfen der Belehrung zu Material, aus dem allgemeine Gesetze, Klassifikationen, Formeln, Erklärungen herauszudestillieren sind. Der Stachel des Unvorhersehbaren und des Besonderen ist der große Feind solcher Lernplanung – in ihm könnte sich die wilde, nicht der Zeitlichkeit zu unterwerfende Körperlichkeit regen, von der Bourdieu schrieb.

Im Hintergrund steht in der westlichen Zivilisation der mächtige Einfluss jener Größe, die Wissenschaft heißt und von der alle wesentlichen Lehr-Formen und Lehr-Inhalte von Schul-Lehre in irgendeiner Weise beeinflusst sind.

Dazu ein sprechendes Beispiel aus dem Labor des Lebensforschers Pawlow: *„Wir untersagten uns streng (im Laboratorium war sogar eine Strafe ausgesetzt)"*, schreibt Pawlow, *„solche psychologischen Ausdrücke zu benutzen wie ‚der Hund erriet', ‚wollte', ‚wünschte' usw. Endlich begannen sich uns alle Erscheinungen, die uns interessierten, in einer anderen Form zu zeigen."*

Auch bei diesen Forschern war also zusehends die Alltagswahrnehmung „zum Stillstand" gekommen ... Der Hund, der vielleicht noch zuvor freudig erregt gebellt hatte, gab nun nur noch zählbare, feste Kategorien zuzuschlagende Laute von sich.

„So schwer es die erste Zeit auch war, so gelang es mir doch schließlich nach längerer Mühe und durch konzentrierte Aufmerksamkeit zu erreichen, dass ich im wahrsten Sinne des Wortes objektiv wurde." (So zitiert bei Duerr 1978, S. 139)

Die hier exemplarisch beschriebene Lernleistung der auf Objektivität fixierten science-Wissenschaft hat eine bestimmte Richtung: Der Menschengeist muss sich in der Fähigkeit verbessern, alle die subjektiven Resonanzen abzuschalten oder still zu stellen, die in ihm aufkommen, wenn er den vielartigen und dramatischen Gestalten der Wirklichkeit begegnet. Er muss es sich untersagen, sich in solche Gegebenheiten einzufühlen und spontan, je nach Stimmungslage, auf sie zu reagieren – weil unweigerlich persönliche Erinnerungen, Ängste, Hoffnungen und Triebwünsche in seine Reaktionen und seine Deutungen der Widerfahrnisse eingingen. Die von dieser Wissenschaft vorgeschriebene Aufmerksamkeit reduziert den lebendigen, besonderen Hund zum Lieferanten messbarer und intersubjektiv überprüfbarer Daten. „Objektiv" heißt dann jener gewaltsam aus der Erfahrungsvielfalt herausgeschälte Ausschnitt von Merkmalen, der im Bewusstsein aller Beobachter übrig bleibt, wenn sie auf alle persönlichen Deutungen verzichten und nur das berücksichtigen, was die Versuchsanordnung als relevant vorschreibt – hier also die Lautgebung des Hundes. Mit der Hilfe solcher Erfahrungsbeschneidung lassen sich gesetzliche Zusammenhänge des Hundeverhaltens (z. B. Reaktionen auf bestimmte Stimulierungen) herausfinden, die unabhängig von Situationen, Gestimmtheiten, persönlichen Sensibilitäten gelten. Und auf diese allgemeinen Zusammenhänge kommt es diesem Wissenschaften allein an.

Den Sprachverboten entsprechen Denkverbote und Engführungen der Aufmerksamkeit. Der Beobachter unterwirft sich ihnen, um der „Objektivität" näher zu kommen. Der „objektiv untersuchte Hund" hat alle Züge der Erscheinung eines einmaligen Lebewesens mit seinen Impulsen, Vorlieben, Spontaneitäten abgelegt, er hat sie aberkannt bekommen.

Die Vielfalt der Bemühungen des Menschen, sich und seine Umwelt kennen und verstehen zu lernen, wird im Interesse dieser Objektivität um alle Varianten beschnitten, die in situativen Anmutungen und dramahaltigen Gestalterfahrungen wurzeln. Lernen dieser Art fordert also spezifisches Verlernen. Das ist der Preis, der für die Gewinnung objektiver Erkenntnis in diesem Sinn zu erbringen ist. Wer objektives Wissen sich lernend aneignen will, hat ihn zu entrichten. Die Folgen dieser Art wissenschaftsbezogenen Lernens und Lehrens sind eminent. Sie liegen ganz in der Linie dessen, was Norbert Elias als den subjektiven Niederschlag des Zivilisationsprozesses sehen gelehrt hat: der Aufbau einer affektundurchlässigen Körperlichkeit (vgl. Rumpf 1981), die sich nicht von Hier- und Jetzt-Gefühlen hinreißen lässt.

Werner Kutschmann hat in seinem bedeutenden Buch „Der Naturwissenschaftler und sein Körper" anhand von reichem Material gezeigt, was diese Hochschätzung einer bestimmten Objektivität für den konkreten Menschen in seiner leiblichen Verfasstheit bedeutet, der sich aufs Wissenschaften einlässt:

„Innerhalb der Empfänglichkeit des Menschen kommt es zu einer vollständigen Umschichtung der Erkenntnisvermögen ... das leibliche Spüren und Empfinden, die aktive Sinnlichkeit des Wahrnehmens werden eingefroren und stillgestellt zugunsten einer gesteigerten Aktivität des Verstandes; und invers werden das Mitleiden der Seele und die Empathie oder Synharmonie des Verstandes ausgeschaltet oder zumindest diskriminiert. Die Gewährleistung der Forderung, die Natur ‚so wie sie ist', unverstellt in Erfahrung zu bringen, verlangt den in-aktiven Körper und den a-pathischen Geist: beide Momente zusammen bestimmen die leibliche Daseinsweise des neuzeitlichen Naturwissenschaftlers." (Kutschmann 1986, S. 134)

Unter der Rationalitätsschicht freilich rumoren die Sinne, die nicht zu annullieren sind, weil sie an den lebendigen Körper gebunden bleiben. Und sie melden sich überraschend in unvorhergesehen Situationen – etwa, wenn einen Menschen ein Lachreiz überfällt, der den Körper ziemlich außer façon bringen kann. („Er platzt heraus", er „schüttelt sich vor Lachen", er „prustet" ...) Wen das Lachen über etwas packt und zu undiszipliniertem Körperverhalten hinreißt, dem geht ja etwas an der Welt auf – in gewisser Weise setzt schlagartig ein Lernprozess ein, ihm wird etwas auf andere Weise klar, als es in der gestuften Form des Kennenlernens geschieht. Wer über etwas in Lachen „ausbricht", dem „zerstäuben (für den Augenblick) die Koordinaten des Weltbilds, der Bedeutungen, Ordnungsmuster, Normalitätsannahmen" (Helmstetter 2002, S. 770). Etwas im Menschen spricht an und wird hervorgelockt dadurch, dass Normalerwartungen ins Leere greifen und verrückt werden: die Stimmigkeiten zerfallen – eine Lust wird vorgelockt und ergötzt sich, wenn die Zwänge der Moral, der Vernunft, der Planbarkeit jedenfalls zeitweise in die Brüche gehen und als Fassaden bloßgestellt werden. Volker Klotz spricht anlässlich bestimmter Theaterstücke davon, dass sie „den Alltag an Ort und Stelle verrücken. Herausrücken muss sie (Klotz hat die Operette im Sinn) ihn aus der engen bürgerlichen Perspektive. Und sie muss ihm verrückte, anomale Ereignisse abtrotzen" (Klotz 1991, S. 110). Der Lustgewinn, der im Lachen über die verrückten Zustände und Ereignisse eingeheimst wird, entspricht dem, was Sigmund Freud in seinem Buch über den Witz als „Lust am Unsinn" charakterisiert hat – der freilich nach Freud „im ernsthaften Leben bis zum Verschwinden verdeckt ist" (Freud 1973, S. 140). Im Lachen, in der Lust am Unsinn äußert sich auch eine Lust am Überwältigtwerden – und die wurzelt in den körperverwurzelten Sinnen, die ansonsten unter dem Gebot der Zivilisation in engen Grenzen zu halten sind: „Das heisst: schon per definitionem (sc. der Kant'schen Version des Verstandes) ist der Verstand nicht zu übermächtigen – das sichert seinen Erfolg und seine Autonomie. Doch lässt sich auch sagen, dass ihm die Fähigkeit zum Überwältigtwerden fehlt. Diese aber besitzen die Sinne." (Böhme 1988, S. 238). Auch im Lachen denkt der Körper ...

Der Hirnforscher Gerhard Roth erinnert daran, dass es unterschiedlich Typen des sinnlichen Umgangs mit Wohn-Umwelten gibt. Es sind verschiedene Aufmerksamkeiten, die man beispielsweise dem Inneren eines Arztwartezimmers entgegenbringt – je nach dem, ob man es zum ersten oder zum zehntenmal betritt (Roth 1995, S. 246/247). Im ersten Fall herrscht neugierige Gespanntheit, man tastet die Umwelt auf unbekannte und möglicherweise unbequeme Züge ab. Wo sitzt man am angenehmsten? Im zweiten Fall genügt ein rasches Mustern der inzwischen bekannten Räumlichkeit. Man findet sich unverzüglich zurecht. Im ersten Fall sind die Sinne als Erkunder des Unbekannten aktiv – im zweiten Fall sind sie nur noch Bestätigungsgehilfen des Vorwissens. Roth wagt die Formulierung: „Gedächtnis ist unser wichtigstes Sinnesorgan." (Roth 1995, S. 240) Das Vorwissen entlastet auch den „immer denkenden Körper" Bourdieus von bewusster sinnlicher Wahrnehmungsarbeit: „Je vertrauter mir eine Situation oder Gestalt ist, desto weniger ‚Eckdaten' benötigt mein Wahrnehmungssystem, um ein als vollständig empfundenes Wahrnehmungsbild zu erzeugen, das zu diesen Eckdaten passt." (Roth 1995, S. 247) Je solider mein Vorwissen ist, um so weniger bleibt für die Erkundungstätigkeit der Sinnesorgane zu tun. Eine „sinnenbewusste" (Rudolf zur Lippe 1987) Auseinandersetzung mit einer Gegebenheit wird überflüssig. Man spürt im Zug dieser wissenshaltigen Routinierung und Fernsteuerung der Wahrnehmung so gut wie nichts mehr von der sinnlichen Wucht und Fremdheit der Dinge, von den Eigenresonanzen des Körpers auf bestimmte Widerfahrnisse – weil nichts mehr „auffällt", d. h. den von der Wissensroutine vorgespurten Erwartungsrahmen irritiert. Die durch Wissen bekannte Welt ist sinnlich gezähmt. Die Sinne können sich zeitlich aufwändige Annäherungs- und Abtastungsarbeit ersparen. Das Vorwissen erspart das innehaltende Staunen, diesen Ursprung jeder Philosophie, jeder Wissenschaft.

Unsere Kultur bietet Reservoire von Gegenerfahrungen. So schreibt etwa der Schriftsteller Volker Braun, Literatur müsse den von ihr zu bearbeitenden „Stoff in die Krise bringen" (Braun 2010, S. 18): Was tut Kunst anderes, als die in Routine oder Wissenschaft unspürbar gemachten Geschehnisse „in die Krise zu bringen", in ihnen das Aufstörende und Unpassende anzustacheln? Sie zu verrücken?

Es gibt eine Art, die Sinnenwelt in Lehrmitteln so abzubilden, dass das Aufmerken unverzüglich auf das dem Schaubild abzugewinnende Orientierungswissen gelenkt wird – dann ist die sinnliche Oberfläche der Dinge (man denke an Schaubilder von Vogel- oder Pflanzen-Arten auf Lehrpfaden) ihres irritierenden Eigengewichts weitgehend beraubt: Die wissbare Klassifizierung hat sie gewissermaßen aufgezehrt. Freilich stellt sich gegen Roths These auch die Frage, ob es nicht auch ein Wissen gibt, das – in der Gegenrichtung – die Neugier auf noch unbekannte Sinnengeschehnisse weckt (und nicht hintertreibt). Ein solches Wissen wäre dann nicht etwas, was Wahrnehmungsbereitschaften überflüssig macht, sondern sie im Gegenteil anfeuert. („Ich habe schon manches gehört und gelesen von dem neuen Festsaal, dem neuen Automobiltyp – dieses Wissen stimuliert meine sinnliche Neugier, wie denn dieses Vorgewusste in Wirklichkeit tatsächlich ausschaut …").

Von anderen Interessen als denen der Gehirnforschung hat der russische Kunstphilosoph Viktor Sklovskij das Schicksal des Sinnenbewusstseins im zivilisierten Menschen ganz ähnlich gedeutet wie Roth. Er legt (im Anschluss an die Art von Tolstojs Darstellungstechnik) den Akzent auf die Auszehrung der Erfahrung sinnlicher Vielfalt in einer von Überraschungen durchsetzten Lebenswelt durch die Automatisierung – und die lässt sich ja als Resultante des Wissens verstehen. Sklovskij schreibt: „Wenn wir uns über die allgemeinen Gesetze der Wahrnehmung klar werden, dann sehen wir, dass Handlungen, wenn man sich an sie gewöhnt hat, automatisch werden. So geraten z. B. alle unsere Angewohnheiten in den Bereich des Unbewusst-Automatischen; wenn jemand sich an die Empfindung erinnert, die er hatte, als er zum ersten Mal eine Feder in der Hand hielt oder zum ersten Mal in einer fremden Sprache redete, und wenn er diese Empfindung mit der vergleicht, die er beim zehntausendsten Mal hat, dann wird er uns zustimmen" (Sklovskij 1971, S. 11/12). Und im selben Aufsatz: „Dinge, die man mehrere Male wahrnimmt, beginnt man durch Wiedererkennen wahrzunehmen; der Gegenstand befindet sich vor uns, wir wissen davon, aber wir sehen ihn nicht" (S. 15). Eine fruchtbare Zuspitzung der Beobachtung von Gerhard Roth, das Verhältnis von Wissen und Wahrnehmung betreffend: Sehen wird zum Gegenbegriff von *Wiedererkennen*. Das Vorwissen kann das Sehen entkräften. „Wir erleben und sehen das Gewohnte nicht, sondern erkennen es wieder. Wir sehen die Wände unserer Zimmer nicht … tot sind auch die Dinge, wir haben das Gefühl für die Welt verloren; wir gleichen dem Geiger, der den Bogen und die Saiten nicht mehr fühlt." (Sklovskij 1973, S. 3 und 5)

Die Entkräftung der Empfindung für die sinnliche Präsenz und die sinnliche Gestalt durch das Vorwissen wird nach Sklovskij im Ausbluten der Sprache deutlich: sie ist zum Transporter toten und gewohnheitsmäßigen Wissens degeneriert und banalisiert. Und lähmt Empfindung und Wahrnehmung. Ihrer beschwörenden Bildkraft beraubt, schrumpft sie zum Zeichen: „Die Dinge bieten sich entweder nur mit einem ihrer Merkmale dar, zum Beispiel als Nummer oder sie werden gleichsam nach einer Formel ausgeführt ohne überhaupt im Bewusstsein zu erscheinen ... So kommt das Leben abhanden und verwandelt sich in nichts. Die Automatisierung frisst die Dinge, die Kleidung, die Möbel, die Frau und den Schrecken des Krieges." (Sklovskij 1971, S. 13/15) Vorläufer, Wurzeln und weitere Ausprägungen der künstlerischen Blickverfremdung im Dienst der Blickintensivierung hat Carlo Ginzburg in Texten der antiken und der der Aufklärung verbundenen Tradition in einem faszinierenden Essay („Verfremdung – Vorgeschichte eines literarischen Verfahrens") aufgedeckt (Ginzburg o.J., S. 11–41)

Der Normalbegriff des Lernens in der westlichen Zivilisation hat eine eindeutige Drift: Lernen bedeutet Ordnung schaffen im Vielerlei der Eindrücke. Es bedeutet Distanz gewinnen gegenüber dem Andrang des Hier und Jetzt; es bedeutet, erklärende und klassifizierende Zusammenhänge aufzudecken und in Begriffe zu fassen – und alles das gelingt nur, wenn der Körper 2 mit seiner chaotischen Berührungslust gebändigt ist – mit andern Worten: Der beherrschte und beherrschende Körper 1 ist in seiner Dominanz gegenüber dem „wilden Körper" 1 durchzusetzen. Ökonomische, moralische, technische Interessen im Verein mit den Normen der Wissenschaft liegen auf derselben Linie: Selbstbeherrschung; Effizienzorientierung, Zeitökonomie, Eindeutigkeit sowie Verbegrifflichung und Quantifizierung des Denkens kommen darin überein, die Rangfolge von Sinnlichkeit, Erlebnis einerseits und Begrifflichkeit, Situationsenthobenheit anderseits nicht anzutasten.

In einem letzten Abschnitt dieses Kapitels soll deutlich werden, wie Beziehungen beider Körperlichkeiten aussehen können, wenn Körper 1 (der „beherrschte") sich von Körper 2 (dem „wilden") inspirieren lässt – und zwar so, dass im Gegenteil der Krebsgang zurück zur stacheligen Vielfalt dessen, woran Körper 2 seine Lust hat, der Verödung und Erstarrung wehren kann, die den Geist von Körper 1 bedrohen, solange er unangefochten dominiert.

Zunächst eine Äußerung des Choreographen M. Cunningham aus seinem Buch „Der Tänzer und der Tanz". Was sagt er über wichtige Lernprozesse bei der Einstudierung von Stücken des Tanztheaters? Man weiß von der rigorosen Trainingspraxis, ohne die keine professionelle Tanzgruppe bestehen kann. Man könnte nun vermuten, dass Cunningham mit Nachdruck die Unverzichtbarkeit dieses Körpertrainings verficht, das totale Körperbeherrschung sichert und ständig weiter perfektioniert. Dann ginge es um das Einschleifen perfekter Routinen, die die Erdenschwere des Körpers möglichst und unspürbar machte – also um den totalen Triumph von Körper 1, der das Störende der Sinnlichkeit weggearbeitet hätte. Überraschend anders die Bemerkung Cunninghams: „Als Tänzer, als Interpret muss man ständig versuchen, es sich selbst schwer zu machen. Ich meine nicht nur in technischer Hinsicht. Es hat etwas mit einer gewissen Unbeholfenheit zu tun. Vielleicht ist das nicht der richtige Ausdruck dafür. Ich verwende ihn aber trotzdem immer. Man muss die Bewegung für sich selbst beschwerlich machen, so als wüsste man nicht, wie man daran gehen soll, so dass sie mit neuem Leben erfüllt wird, wenn man sie dann endlich hat." (Cunningham 1986, S. 151)

Es geht diesem Suchen gerade nicht darum, sich immer vollkommener auf den vertrauten Wegen der Körperbeherrschung zu präsentieren. Man muss in eine gewisse Unbeholfenheit hineinkommen – also verzichten auf den Selbstgenuss, weil man etwas immer besser „kann". Es ist ähnlich wie wenn man als Anfänger eine fremde Sprache zu erlernen beginnt – man kommt sich dumm vor, man stammelt, man fühlt sich ohnmächtig wegen der eigenen Schwerfälligkeit, die immer wieder zu Fehlern, zum Scheitern führt. Und warum das alles? Man kann doch die andere Körpersprache perfekt. Warum zwingt einen Cunningham als Choreograph in diese beklemmende Unsicherheit? Nicht damit man nachher um so beglückter den Kontrast spürt – wenn's wieder um die vertraute Könnerschaft geht. Sondern weil die gekonnten Körperbewegungen auch nur ein beschränktes Körper-Alphabet darstellen – weil es Reibungen, Risse, Umbrüche in Bewegungskonstel-

lationen gibt, die nicht billiger zu erlernen sind als über den
Weg des unbeholfen tastenden Probierens in Neuland. Und
weil diese befremdlichen Figurationen des Körpers das sind,
worin das zum Ausdruck zur Erscheinung kommt, worum es
geht – in einer bestimmten *performance*. Es gibt offenbar das
Entdecken einer Bewegung, die nur zu finden ist, wenn eine
Phase der Desorientierung im Ernst wirklich durchgestanden
wurde (und nicht nur zum Schein). Es handelt sich um einen
bewusst inszenierten Rückfall – diese Regression ist kein
Vergnügen, der Erfolg ist nicht kalkulierbar und nicht garantierbar. Wenn die etablierten Tanzbewegungsformen sich verstehen lassen als Ausformungen eines zunächst amorphen
Bewegungspotentials, aus dem vielerlei Gestalten herausgeprägt werden können – Gestalten, die kulturbedingt sind und
eine gewisse Sicherheit in Strukturen schenken – dann handelt
Cunningham vom einer Lernbewegung, die sich auf das
Amorphe einlässt, das am Grunde jeder etablierten zu beherrschenden Körperbewegung lauert. Und dem in der praktizierten Tanz-Performance die klanglich-rhythmischen Musiksubstrate resonierend entsprechen. Und das normalerweise in seinem Eigengewicht übergangen wird, ohne gespürt oder ernstgenommen zu werden.

Die Verwandtschaft zu Sklovskij-Tolstojs Abschied von der
konventionellen Sprache liegt zutage: Es bedarf der Anstrengung, sich von den konventionellen Sprachbezeichnungen von
Geschehnissen bewusst zu lösen, um der gemeinten Sache –
diesseits des Wiedererkennens – ansichtig zu werden, mit neuem Blick.

Ein anderes Beispiel, scheinbar auf einem vollkommen anderen Stern spielend: Da macht sich ein französischer Dominikanerpater, Pie Duploye, in den späten fünfziger Jahren des
letzten Jahrhunderts Gedanken über die Art, wie die Mysterien des Christentums lehrend, predigend, lernend weitergegeben werden. Und er spart nicht mit Kritik an deren systematischer Entstellung durch die Form, in die sie durch bestimmte
Lehr-Gebärden ausgepresst werden und die sinnliche Dichte
ihrer Fremdheit einbüssen. Auch hier treibt ein bestimmter
Glaube an unveränderliche „objektive" Wahrheiten dogmatischer Art den Inhalten das Leben aus. Er schreibt über die Art

der predigtvermittelten Lehre und das ihr folgende Ausrinnen jener Substanz, der viele Jahrhunderte als Sauerteig unsrer Kultur wirkte – und er formuliert Sätze, die bis in den Wortlaut an die Diagnosen von Sklovskij und Cunningham erinnern – den richtigen Worten, den korrekten sinnlichen Sprachsymbolen ist das Leben, die leibliche Resonanz, abhanden gekommen. Sie täuschen etwas vor, was nicht da ist:

„Es geht darum, dass in der christlichen Predigt der Redefluss wieder ins Stocken kommt, ein Satz missrät oder ganz danebengeht, es bei Andeutungen bleibt, manches Ungehobelte unterläuft, was seinen tiefen Grund hat; Humor und Streitlust müssen wieder zu spüren sein. So heilsam und notwendig Analysen des theologischen Gedankens sind, die Definitionen des Katechismus, die sorgfältig numerierten Studienkreise, so gilt es darüber hinaus, dem Mysterium Christi die ihm eigene Dichte zurückzugeben, die Welt wieder in dem Stadium einzufangen, in dem sie noch eine klebrige Knospe ist; es kommt darauf an, den Cocktail, den Porridge wieder zusammenzurühren, wie er im Anfang war. Gott, sagt der Hl. Thomas des öfteren, arbeitet wie ein *Künstler, sicut artifex*. Doch der Hl. Thomas ist hier nur der Erbe der langen platonischen Tradition, die Gott – im ‚Timaios' steht es – zum Demiurgen machte, das heisst zum Arbeiter, zum Zusammenfüger des Kosmos *Opifex, genitor, fabricator, architectus mundi*. Gott ist auch ein Töpfer, ein Goldschmied, ein Weber: *carmen universitatis, carmen pulcherrimum.* Es blieb Calderon vorbehalten, ihn zu einem Maler, dann zu einem Theaterdirektor zu machen – zum Director jenes *gran teatro del mundo,* in dem er selber die Rollen verteilt." (Duployer 1957, S. 21)

Aus dem *carmen pulcherrimum* machen die Predigten ein Schulbuch in einer korrekt und bruchlos dahin fließenden Sprache. Aus einer Welt im Zustand des Werdens wird ein System von zu besichtigenden und zu glaubenden Fertigwahrheiten. „Eine gewisse formale Unvollkommenheit zeigt an, dass da Leben ist; eine gewisse Dunkelheit weist auf das Vorhandensein wirklichen Lichtes hin. Das Drama Claudels wie das Shakespeares und Calderons schenkt uns den Sinn für das Ganze wieder, für den ursprünglichen Aggregatzustand." (Duploye 1957, S. 22) Die Sprache der Predigt, der Christenbelehrung hat sich demnach von der sinnendurchdrungenen Erfahrung der Menschen gelöst – bei Shakespeare und Calderon gäbe es die Chance, in Strudel zu geraten, die den Menschen die Souveränität des schnell verfügbaren Wortwissens streitig machten, sie gerieten in Zustände der Ratlosigkeit ähnlich denen, die Cunningham den Tänzern und den Zuschauern zumutet: „Die Menschen, die über ihr eigenes Dasein etwas hören wollten, sind nicht in die Kirchen gegangen, sondern ins Theater." (Duploye 1957, S. 24)

Die Tendenzen, Lernen und Wissen möglichst frei von leiblichen Irritationen (Erschütterungen wie Entzückungen!) zu machen, haben viele Freizügigkeiten der Moderne befördert – darüber kann nicht vergessen werden, dass das leiblos gemachte Lernen sich von den Zuflüssen abzuschneiden droht, ohne die die Welt Farbe, Drama und persönliches Profil verliert. Es gibt auch eine Objektivität zu Tode.

Kein Lernbegriff kann sich heute diesen Konflikt ersparen. In unübertroffener Deutlichkeit hat J. H. van den Berg den Aufeinanderprall unterschiedlicher Spielarten von Leiblichkeit im Denken der Moderne nachgezeichnet – in dem zu Unrecht vergessenen Buch „Metabletica. Über die Wandlung des Menschen – Grundlinien einer historischen Psychologie" (Göttingen 1960).

Kapitel 5:
Altvertrautes nimmt fremde und neue Züge an – Lernszenen und theoretische Vertiefungen (Adorno, Seel, Holzkamp)

Hans Cloos (1885–1951), seinerzeit berühmter Geologe, erzählt von einem ihn prägenden Erlebnis. Nach Studium und Promotion in den geologischen Wissenschaften, also nach vielen Exkursionen und weiterführenden Forschungsarbeiten schickte man ihn nach Afrika. Er fährt mit dem Zug nach Neapel, steigt nachts aus „unter sternlosem Himmel", geht ins Hotel, schläft aus, erwacht spät, öffnet die Fensterläden, sieht die berühmte Landschaft, den Golf, aber oben „eine lastende Wolkenbank".

„Schon wollte ich mich halb enttäuscht, ins Zimmer zurückwenden, als mein Blick von einem hellen Schein über den Wolken angezogen wurde.
Dort schwebte, frei in der Luft, wie mit der Schere geschnitten, im jungen Weiss des Winterschnees, der dreieckige Gipfel des Vesuvs, und aus seiner vertieften Mitte löste sich ein Wölkchen Rauch – – –
Also war es doch wahr!
Jahr um Jahr hatte ich nichts anderes gelernt und gelesen als dies: Dass unsere alte Erde sich in unzähligen Formen gewandelt habe im Laufe ihrer endlos langen Geschichte ... Dass die Erde noch heute sich rege, und dass jeder Tag, den wir leben, auch sie lebe und immer irgendwo an sich arbeite ... Ich hatte die Lehre gehört und geglaubt; sie gegen Ungläubige verteidigt und unter argwöhnischen Prüfungen an strenge Richter zurückgegeben. Und nun musste ich in einem unbewachten Augenblick gewahr werden, dass ich nichts gelernt hatte, rein gar nichts: dass mir das Fundament aller irdischen Weltanschauung nicht zum eigenen inneren Besitz geworden war. Niemals bis zu diesem einmaligen unvergesslichen Au-

genblick, da ich es zum ersten und endgültigen Male mit eigenen Augen sah und also zum ersten und endgültigen Male zum Geologen wurde: Die Erde lebt." (Cloos 1954, S. 15)

Was für ein Gewahrwerden? Was für ein Blick? Kein spähender Blick, der etwas Unbekanntes auskundschaften will. Kein prüfender Blick, der eine Hypothese bestätigt oder widerlegt sehen möchte. Auch nicht der neugierige Blick, der auf Überraschendes aus ist oder der irgendwelche Sensationen festhalten will – gar etwas zum Fotografieren, zum Vorzeigen, zum Erzählen. Ein Blick also, der aufs aktive Zupacken ganz und gar verzichtet. Entspannt, nichts Bestimmtes fixierend, passiert es ihm, „dass er von einem hellen Schein über den Wolken angezogen wird". Nichts scharf Umrissenes, nichts gegenständlich Fixierbares regt sich da und trifft ihn. – Ein Blick, dem etwas widerfährt, womit der wissenschaftsgeübte Geist nicht rechnen konnte Da brandet unverhofft etwas Fremdes an, sprachlos anzuschauen. Es gibt ja auch sprechende Blicke, die den Eingang des Erwarteten sozusagen bestätigen und ratifizieren – so lauert der Experimentator, ob das Erwartete eintritt. Ohne Erwartungsspannung spürt er sich, aber doch keineswegs vollkommen gleichgültig, irgendein Warten schwelt in ihm – sonst könnte er sich nicht „halbenttäuscht" ins Zimmer zurückwenden, weil da draußen nicht mehr vorkam nach dem Öffnen des Fensters Und dann dieses leichte Wölkchen, dieser schwebende, scharfgeschnittene Schneegipfel! Umwerfend.

Es handelt sich ja immerhin bei dem Betrachter um jemand, der sein Berufsleben dem wissenschaftlichen Zugriff auf die Erde, ihre Phänomene, ihre Geschichte gewidmet hatte. Und ein zentrales, ein symptomatisches Objekt dieser Erforschung, ein Vulkan, wird im unverhofften ersten Anblick schlagartig fremd, unbekannt, unheimlich. Er erscheint als das genaue Gegenteil dessen, was man vielleicht erwarten könnte – er erscheint nicht als Bestätigung, als empirische Illustration, als längst erwartete nur mehr zu besichtigende Tatsachendokumentation. Er erscheint als eine Realität von unglaublicher Intensität. Das kultisch angetönte Wort von der Epiphanie scheint nicht zu hoch gegriffen. Kein Forschungsobjekt, sondern ein antlitzhaft Unerwartetes *erscheint*. Ein Mysterium?

Und den Wissenschaftler trifft diese Erkenntnis ohne methodische Vorbereitung und Blickschärfung, ohne Plan, ohne Arbeit beim Realisieren eines Projekts – fernab von Informationsbänken, Diskursen, Kontroversen, Kongressen. Es springt nichts heraus zum registrierenden Aufschreiben von neuen Merkmalen.

Es passiert kurz nach dem Aufwachen, in einer Art traumnaher Aufmerksamkeit. Es passiert nicht als Antwort auf ein offenes wissenschaftliches Problem – und ist doch nicht denkbar ohne diese jahrelange Vorarbeit, von der es sich überraschenderweise in *einem* Moment abstößt.

Rätselhafterweise wird dem Mann etwas grandios auffällig, ja unglaublich – was er („in seinem Oberstübchen") längst wusste – was ihm so gut bekannt war, dass er darüber Bücher geschrieben und Vorträge gehalten hatte.

So etwas kann es also geben: Man sieht eine Sache wie zum ersten Mal, die man schon lange, gar wissenschaftlich verbrieft, gut gekannt zu haben glaubte. Im Umgang mit Kunstwerken scheinen diese Arten von „NEU SEHEN"; „NEU HÖREN", „NEU SPÜREN" geradezu Bedingung zu sein, mit der Sache in Kontakt zu kommen – gegen das abgebrühte Wiedererkennen, das nur einordnet und sein Vorwissen bestätigt sehen möchte.

In dem Erlebnisbericht findet sich eine abgründige Formulierung, wenn der Autor die Bedingungen des Eintritts des Ereignisses charakterisiert: „IN EINEM UNBEWACHTEN AUGENBLICK". Man kann das so verstehen: In diesem Augenblick zwischen Nacht und Tag, zwischen Traum und Wachen, in der unvertrauten Umgebung – da fühlte er sich nicht im strengen Wissenschaftsdienst – der verlangt, dass man sich nicht gehen und treiben lässt von dem, was einem gerade vor die Sinne kommt, ohne methodische Kontrollfilter, die harte Kriterien anwenden auf das, was als wirklich und gültig durchzugehen die Chance haben soll.

Und wieder die Frage: Was passiert da eigentlich? Der erste Blick möchte zu dem Urteil kommen, hier passiere nichts als eine drastische Veranschaulichung von längst Gewusstem. Für diese Lesart liegt das Plus gegenüber den seither aufgesammelten Kenntnissen in der empirischen Präsenz: in der greifbaren Nähe des bislang nur begrifflich oder verbal Gewussten. Diese Diagnose greift aber zu kurz. Das einmalige historisch wie geographisch sinnliche DIESDA, das sich in seiner Singularität jeder Reproduktion entzieht, rückt dem Autor auf den Leib, er spürt die reale Nähe leiblich. In der Schule des Philosophen und Pädagogen O. F. Bollnow hießen solche Widerfahrnisse BEGEGNUNGEN (vgl. Bollnow 1959 und Guardini/Bollnow 1960). Bernhard Waldenfels hat dieses Weltfühlen (im Anschluss an E. Straus) – bei dem die Welt sozusagen innen auftritt – PATHISCH genannt und seinen leiblichen Resonanzboden betont (Waldenfels 2000, S. 273 ff. und Waldenfels 2004, S. 55). Weltgegebenheiten werden – in nicht planbaren und machbaren Prozessen – aus Objekten zu Größen in einem Drama, das über einen Menschen hereinbricht. So etwas muss van Gogh passiert sein, wenn er ein Kornfeld in der Provence im gleißenden Sommerlicht – nein, nicht betrachtete, sondern wenn es an ihn, in ihn anbrandete und er die Fassung zu verlieren drohte, so dass er sich in die malerische Gestaltung retten musste.

Ein anderes Subjekt als das wissenschaftlich distanzierende, Datenzusammenhänge prüfende Subjekt regte sich an diesem Wintermorgen in Hans Cloos. Es war nicht mehr das von Emil Straus so genannte extramundane Subjekt des Wissenschaftlers (Straus 1956, S. 240). So sehr rätselhafterweise dieses andere Subjekt mit seinen Betreffbarkeiten doch auch auf dieses extramundane Subjekt des Wissenschaftlers angewiesen war, um sich schier schockartig von ihm abstoßen zu können und in eine neue Nähe zum scheinbar Altbekannten geriet. Hätte ein Nichtfachmann so vehement in ein beinahe aufgeschrecktes Staunen über die Grenzen seines soliden Wissens verfallen können?

Es liegt nahe, die Lernerfahrungen und Lernhandlungen, die in der Cloos-Episode eine Rolle spielen, etwas genauer unter die Lupe zu nehmen – und zwar hinsichtlich ihrer Unterschiedlichkeit. Lernhandlungen können in Gang kommen, so die Überlegungen von Klaus Holzkamp in seinem grundlegenden Werk „LERNEN – Subjektwissenschaftliche Grundlegung" (1995) – wenn sich das Subjekt Situationen und Gegebenheiten konfrontiert sieht, in denen „das Vorgelernte zu deren Bewältigung nicht ausreicht. Ich muss also bemerken, dass es mit Bezug auf den jeweiligen Gegenstand mehr zu lernen gibt als mir jetzt schon zugänglich ist" (Holzkamp 1995, S. 212). Das setzt freilich voraus, dass die Subjekte überhaupt eine Diskrepanz zwischen dem aufkommen lassen, was ihr Lernstand, ihr Wissen und Können also, ist, und dem, was eigentlich zur befriedigenden Bearbeitung einer Situation nötig wäre. Es setzt voraus, dass sie überhaupt eine Diskrepanz gewärtigen, sie an sich herankommen lassen, gar sie stark machen – und nicht in selbstzufriedener Gleichgültigkeit existieren. Die Lernhandlung wird innerviert „durch die unmittelbar erfahrene Unzulänglichkeit des erreichten Gegenstandsaufschlusses" (Holzkamp 1995, S. 214). Einfacher gesagt: Ich lasse eine Mangelerfahrung zu und spüre, dass ich in einem Gegenstandsbereich noch lange nicht so zuhause bin, wie es möglich, wünschenswert, erforderlich wäre, um Situationen zu bestehen, die mich herausfordern. Diese Diskrepanz lässt mich nicht ruhen. Die angestrebte Lebensqualität stimuliert das Lernen zum Zweck der Diskrepanzminderung.

Was kann diese Überlegung zu Diskrepanzerfahrungen zur Erhellung des Vesuv-Erlebnisses von Hans Cloos bringen?

Es gibt offenbar verschiedenartige Diskrepanzerfahrungen und ihnen folgende Lernherausforderungen auf dem Weg vom Laien und Studienanfänger bis zum geprüften Fachmann und Experten – in der Geologie wie in anderen Disziplinen. Einerseits handelt es sich um die normalen Studieraktivitäten. Man hat sich fortschreitend feststehende Methoden, Wissensbestände, neue Fragestellungen anzueignen – um voranzukommen – immer neue Hürden sind zu nehmen. Cloos erinnert ja an diese Lerngänge, die das Detailwissen, das Beherrschungswissen fortschreitend und überprüfbar anreichern.

Was aber den Geologen Hans Cloos an diesem Morgen in Neapel erwischt hat, war eine völlig andere Diskrepanzerfahrung. Es handelte sich nicht um eine Wissenslücke, um eine originelle Frage, die ihm da überraschend aufgegangen wäre. Es handelt sich um ein fundamentales Vakuum, das ihm bewusst wurde in der Konfrontation mit etwas, was in der Wissenschaftsperspektive nicht vorkommt: Es handelt sich um die überwältigende Epiphanie von etwas, was anderen Charakter hatte, um ein Widerfahrnis, das ein Wissen freigibt, das nicht abprüfbar und feststellbar ist. Pascal hätte es wohl „la raison du cœur" genannt, was da getroffen wurde. „Die Erde lebt." Und da bricht eine Diskrepanz ganz anderen Kalibers auf als es die des normal alltäglichen Lernens ist. Sie wird nicht durch eine originelle Fachfrage freigesetzt, sondern durch ein nichtvorhersehbares und nicht machbares Ereignis, das das Vorwissen verblassen lässt.

Man mag verwandte Erfahrungen eines bedeutenden Naturwissenschaftlers heranziehen, um den Verdacht abzuwehren, hier handle es sich um private Gefühligkeit, die nichts mit der Sache, um die es geht, zu tun habe. Erwin Chargaff, der Biochemiker, der ein Forscherleben an der Harvard-Universität hinter sich hatte, schrieb einmal von seiner Abneigung gegen eine Art von Forschern, die offenbar nur eine Art von Lerndiskrepanzen kennen und zum Zug kommen lassen: „Aber damit, was man jetzt allenthalben antrifft, habe ich mir nie Rat schaffen können, nämlich mit der Art von forschen Forschern, die darauf aus zu sein scheinen, der Menschheit nagelneue Naturgesetze zu verkaufen, als wären es neue Automobile; (... sc. „was da fehlt") ist ein Gefühl für die tastende Natur des Erkennens; ein Begriff von dem vorläufigen und fragmentarischen Charakter aller menschlichen Einblicke in die Natur; ein Bewusstsein, wieviel Anmaßung und Voreiligkeit sogar das tiefste Verständnis begleiten, wenn es sich anschickt, verallgemeinernde Feststellungen über das Leben zu machen." (Chargaff 1980, S. 174) Verallgemeinernde Feststellungen über das Leben – und worauf sonst zielen die einschlägigen Wissenschaften? – sind bedroht und gezeichnet von Anmaßung und Voreiligkeit. Zu dieser Einsicht kann nur jemand kommen, der Erfahrungen von der Inkongruenz des Wissenschaftswissens gegenüber der Natur als Geheimnis durchgestanden hat. Aus Holzkamps Darlegungen folgt, dass die Fähigkeit, Diskrepanzen freizulegen und offen zu halten eine wesentliche Bedingung dafür ist, dass Menschen über ihren engen Erfahrungskreis hinausgehen können. Chargaff legt gewissermaßen Zeugnis dafür ab, dass diese Erfahrungen der Leere, des Nichtbescheidwissens Fremdheitsstoffe sind, ohne die das Lehren von Wissenschaft zur geistlosen Schulmeisterei zu verkommen, ja zu verwesen droht. Seine Sätze zielen auf Kerndefizite der Schul- und Universitätsreformen, die auf Erzeugung und Feststellung standardisierbarer Wissens- und Könnensbestände – nicht nur in den Naturwissenschaften – abzielen:

„Was der Naturforscher braucht, ist ein selektives und nicht ein automatisches Gedächtnis; und noch viel mehr braucht er, was ich als leere Räume zwischen den Erinnerungen bezeichnen möchte, denn er arbeitet wie in einem Traum der Vernunft. Grosse wissenschaftliche Ideen besitzen oft eine völlig nichtinduktive traumhafte Eigenschaft. Was der Naturforscher dafür mehr als irgendetwas anderes braucht, ist die Fähigkeit, diese leeren Räume zu bewahren, sowohl um sich selbst als auch innerhalb seiner selbst. Unsere gesamte Lehreinrichtung ist jedoch gegen dieses Bedürfnis gerichtet. Da wir selber dieser Verbindung mit dem Mittelpunkt der Wissenschaft beraubt worden sind, stopfen wir unsere Studenten voll mit dem Allerneuesten: verlorene Seelen, welche die Jugend lehren, ihre eigene zu verlieren." (Chargaff 1980, S. 222)

Chargaffs Zeugnis liest sich wie ein Kommentar zu dem Erlebnisbericht von Hans Cloos, wie eine Konkretisierung der theoretischen Analysen Holzkamps über die Fremdheitsstoffe, die dem Lernen in der durchgestandenen (und nicht durch Vorwissen zugeschütteten) Erfahrung der Diskrepanz zukommen. Was Holzkamp „affinitives Lernen" kraft einer „passiven Aufmerksamkeit" (Holzkamp 1995, S. 328) nennt, bekommt eine Chance.

Joseph Bernhart (1881–1969), Philosoph mit Schwerpunkt auf der Erforschung der mittelalterlichen Geistesgeschichte, erzählt von einem sommerlichen Ferienerlebnis in den Ferien bei Verwandten in seinem 13./14. Lebensjahr. Er hatte einen großen einbändigen „Schiller" mitgenommen, legte sich auf eine Graswiese, hart am Wasser eines Bachs. Er las sich mit Lust am Sprachklang seiner Stimme und mit Freude an den bloßen Satzgefügen den einen oder anderen Satz laut vor:

„Dann schloss ich den Band und machte selber Sätze auf die Dinge, die mich umgaben. Ich tat es laut, um gegen das Rauschen des Mühlwehrs am jenseitigen Ufer aufzukommen, nicht weniger auch aus Lust am Oratorischen ... Jetzt, am Wasser

liegend, machte ich mir das Vergnügen, denselben Gedanken immer wieder anders auszudrücken. Zur Bereicherung unseres Wortschatzes war ja auch in der Schule das Aufsuchen sinnverwandter Wörter eine schöne Übung gewesen. Nun gelang mir der Wechsel im Ausdruck viel leichter bei dem Tätigkeits- als bei den Dingwörtern. Vom Grase konnte ich sagen, dass es sprosse, wachse, grüne, aber Gras war Gras und konnte nicht anders heißen. Wenn das Wasser sich verlautet, ist es murmeln, rauschen, tosen – aber vom Wasser muss ich Wasser sagen. Ja, ich wusste, dass es im Lateinischen und Griechischen anders heißt, aber, dachte ich bei mir, auch bei diesen Völkern hatte das Element seinen festen Namen. Nur, wie kommt es, dass sie überhaupt andere Namen dafür haben? Also nicht von den Dingen kommen ihre Namen: sie heißen uns so, wie wir sie nennen. Das Wasser ist da, aber wir haben es nicht gemacht: es ist an sich selber da, ob es von uns einen Namen hat oder nicht ... Also könnte es auch ganz anders heißen. Warum nicht dira, kulu, soto? Ich trieb das Spiel der Phantasie so fort, bis mir über all den neuen Wörtern das alte ‚Wasser' so leer und nichtig vorkam. Ich sagte es immer wieder vor mich hin, aber es fand nicht mehr zurück, zu dem Bache neben mir. In einer plötzlichen Angst, verrückt zu werden, sprang ich auf, lief an das Brettergestade, das frei von Schilf war, tauch die Hand ein und sagte ‚Wasser', ‚Wasser' ... Die Sprachwelt und die Dingwelt, die mir auseinandergesprungen waren vereinigten sich wieder, und mein Schrecken war überstanden. Konnte ich auch Sinn und Tiefgang des Erlebnisses noch nicht ermessen, das Trauma, das jene Augenblicke hinterließen, ist nie mehr vergangen ... Das alte Dunkel der Fragen um Wort und Ding hat sich mir so wenig wie einem anderen je gelichtet, aber jene Erschütterung war nicht umsonst gewesen ... Was mir damals an Angst und Rettung widerfuhr, habe ich oft zu verstehen gesucht, weil ich es nicht vergessen konnte ... Ich hatte Scheu, mit irgendjemand über diese Sache zu sprechen. Wem auch hätte ich mich anvertrauen sollen? Der bloße Gedanke schon, dass meine Lehrer davon wüssten, versetzte mich in Furcht vor ihrem Spott und Unverstand ..."
(Bernhart 1960/61, S. 557 f.)

Die Ausgangslage zu Bernharts Jugenderlebnis ähnelt der oben vergegenwärtigten Situation des Geologen Cloos kurz nach dem Aufwachen in dem Hotel in Neapel: Beide sind in einer Verfassung, die sie auf zielgerichtete Aktivitäten verzichten lässt Sie sind nicht darauf aus, einen Plan zu verwirklichen, einen Wunsch zu befriedigen, ein begonnenes Vorhaben fortzuführen, ein offenes Problem zu bewältigen, einem Einfall, einem Traumrest nachzugehen, eine „Nuss" zu knacken. Sie sind auch nicht in der angespannt aufmerksamen Haltung des tätigen Menschen, der gar nicht anders kann, als seine Umgebung unablässig auf Sicherheitssignale abzutasten – wie Irving Goffman einmal beiläufig bemerkte. Kein Blick auf die Uhr, kein Termindruck treibt sie aus der puren Anwesenheit im Hier und Jetzt, die – leicht dösig – als solche gelebt werden kann. Die Gegebenheiten der Umwelt entbehren da jener Imprägniertheit, jenes Überzugs, den sie im praktischen Leben unserer Zivilisation gewöhnlich annehmen: sie werden nicht als Mittel für irgendwelche Handlungs- oder Erkenntniszwecke aufgefasst. Man will nichts herausholen oder damit anfangen. Und im Gefolge dieses Rückzugs der Aufmerksamkeit aus irgendwelchen Handlungsinteressen und Gewohnheiten passiert Erstaunliches – Cloos gab es schon auf, noch etwas Belangvolles von dem Blick in den Januarmorgen in Neapel zu erwarten, der junge Joseph Bernhart las laut einige Sätze vor sich hin und „machte sich das Vergnügen, denselben Gedanken immer anders auszudrücken", womit er gewiss die Wörter aus den eingeschliffenen Gewöhnungen und Verzweckungen herauslöste. In dieser Schwebe zwischen Tun und Nichtstun, in dieser sich zurücknehmenden Aufmerksamkeit werden Züge an der vorliegenden Gegebenheit frei, die zuvor offenbar von den Einordnungsgewohnheiten zugedeckt worden waren. Es ist, als begännen die zuvor passivierten Dinge sich aktiv zu regen – und das aufgestörte Bewusstsein zu verwirren. Es verliert die Wegsteuer: Alles, was Cloos gelernt zu haben glaubte über das Objekt *„Erde"*, schien belanglos geworden zu sein, wenn sich die Erde im Vesuv (oder soll man sagen *als* Vesuv) so überwältigend leise in Erscheinung setzte wie an diesem Januarmorgen. Und dem jungen Bernhart kommt es vor, dass so altbekannte Größen wie das Wort und die Sache *„Wasser"* in den Strudel einer unheimlichen Unbekanntheit geraten. Die Sachverhalte scheinen sich aus den Festlegungen durch die als geläufig gelernten Begriffe zu lösen. Der Gestus der Beherrschung zerfällt – die Begriffe passen nicht mehr. Begriff und Sache beginnen sich voneinander abzutrennen. Dem Knaben wird bewusst, dass die Welt der Symbole, der Sprache keineswegs notwendigerweise das verlässliche Pendant zur erfahrbaren Sinnenwelt sein muss – und dadurch gewinnt auch diese Sinnenwelt unheimliche Züge: Wie steht es mit dem altbekannten, leicht zugänglichen Wasser, wenn die Sprache keinen verlässlichen Zugang gewährleistet? Und werden die Sprachsymbole, mit denen wir uns tagtäglich untereinander über die Welt verständigen, – werden sie nicht zu gespenstigen Phantomen, die zwischen uns herumflattern – scheinhafte Sicherheiten vorspiegelnd und uns narrend? Das „wirkliche" Wasser und das Wort Wasser – beides stürzt aus dem Rahmen, in den es bisher eingespannt war. Der Junge, in der plötzlichen Angst verrückt zu werden, kommt sich vor wie der Reiter über dem Bodensee – der nach einem Ritt zu Tode erschrocken versteht, dass er über verschneite und vereiste Abgründe und tödliche Wassertiefen geritten ist, ohne es zu merken. Worauf ist da noch Verlass? Wie konnte er mit so unverlässlichen Gegebenheiten so souverän und unbeschwert umgehen? Um sich aus diesem Sog in die Bodenlosigkeit zu retten, erfindet er sich ein Rettungsritual. Er flüchtet geradezu ans Reale, nach wie vor neben ihm im Bach fließende Wasser, hält die Hand ins Strömen – die sinnliche Berührung, die unzweifelhaft zu spürende – sie vertreibt den Zweifel, dass es mit dem Wasser nicht mit rechten Dingen zugeht. Das, was er da spürt, ist doch unzweifelhaft hier und jetzt als Erfahrungswiderstand DA. Und dieses DA, längere Zeit still gespürt, holt auch dasjenige wieder heran, was unzuverlässig zu werden drohte: das Wort *Wasser*. Die Sprechsicherheit, die Wortsicherheit, die Weltsicherheit war für Augenblicke unterwühlt. Das prüfende Denken hat zurück gefunden, auf „empirischem Weg".

Aber die Geschichte endet nicht mit einer definitiven Abrundung: Denkexperiment realisiert, Problem gelöst. Punktum. Am Ende steht keine Schlusserklärung, etwa derart, dass nun etwa klargestellt sei: Die Sprache sei nun einmal eine kulturelle Konstruktion mit willkürlichen Zügen – eine Erfindung, mit der sich homo sapiens die unverlässliche und undurchsichtige Welt kommunizierbar und beherrschbar gemacht habe.

In der Darstellung Joseph Bernharts wird deutlich, dass der schließliche Schritt zur handgreiflichen Berührung des wirklichen Wassers die Wunde nicht dauerhaft schließen konnte. Der Stachel blieb. Etwas an der Beziehung zwischen Sprache und Welt ist da auf Dauer in die Brüche gegangen. Und niemand, kein Studium, keine Philosophie hat das damals zuerst einbrechende „Dunkel um Wort und Ding" je restlos aufhellen können. Gegen diesen Zweifel war und ist – man möchte sagen gottlob – kein didaktisches Kraut gewachsen, das durch problemlösende Erklärung ein für allemal Klarheit geschaffen hätte. Man könnte den Satz aus dem Vesuv-Erlebnis von Hans Cloos variieren. Wie der schrieb, dass er in dieser Stunde der Vesuv-Begegnung erst wahrhaft zum *Geologen* (d.h. doch wohl zum Erdforscher – und nicht zum Wissensverwalter über Fakten und Daten der Erde) wurde, so hätte Bernhart anmerken können, dass er in dieser Stunde zum Philosophen wurde – d.h. zum Liebhaber des Suchens nach Erkenntnis, dem die Sicherheit des Bescheidwissens in den Dingen der Erfahrung abhanden gekommen ist. Was in der Gewohnheit als definitives Wissen längst abgehakt und stillgelegt schien, zeigte aufrührerische Züge und warf die Gussformen ab, in die es eingezwängt worden war. Es gibt die weithin anerkannte Annahme, Wissenschaft bestehe in der methodisch gesicherten Überprüfung von Vermutungen. Und dem folgt eine Vorstellung von Lernen. Fortschritte im Lernen sind dann Fortschritte im Beherrschen einer Wissens- und Könnensmaterie. Dabei wird leicht übergangen, dass ohne gegenläufige Aktivitäten Wissenschaften und Lernen den Widerstand verlieren, ohne den sie leer laufen und zum leeren Wortgeklingel zu werden drohen – ohne gegenläufige Erfahrungen, die der scheinbar altbekannten Welt abgründig unbekannte Züge abspürt. Ohne sie definitiv zu bereinigen.

Und wie erging es Joseph Bernhart in seiner Beziehung zu anderen Menschen? Der Junge fühlte sich durch sein Denk-Erlebnis begreiflicherweise isoliert. Die anderen Menschen, auch seine Mitschüler und Lehrer schienen ja weiterhin ganz unangefochten und erfolgreich mit der Sprache und ihrem Dingverweis umzugehen. Der Junge schämte sich, er spürte, dass er sich eine Blöße gäbe, wollte er sein Erlebnis weiter erzählen – wie man einen körperlichen oder seelischen Defekt vor anderen am besten geheim hält –, so schien es ihm auch mit diesem Erfahrungsbruch. Bemerkenswert, dass er vor allem die wahrscheinliche Reaktion der Personengruppe für vollends unerträglich hielt, die offiziell zuständig ist für die Belehrung des Nachwuchses: Seine Lehrer, so meinte er, würden dieses Widerfahrnis am allerwenigsten verstehen – sie würden ihn auslachen, womöglich als Spinner. Warum wohl? Vermutlich, weil sie die beamteten Verwalter des Wissens (nicht der offenen oder unaufklärbaren Fragen) sind. Lehrer erscheinen dem Jungen wohl als Wissensausbreiter und Antwortgeber. Sie stellen Fragen, deren Antwort ihnen bekannt ist – und sie sinnen (im besten Fall) professionell auf Hilfsmittel, wie sie die Schüler auf vorgebahnten Wegen zu den richtigen Antworten bugsieren können. Das Sinnieren über Wort und Ding am Bach käme ihnen wohl wie eine nicht unbedenkliche Abseitigkeit (oder „Frühreife") vor. Soll ein junger Mensch sich mit Fragen abgeben, auf die Antworten und definitive Klärungen nicht in Lehrbüchern klipp und klar zu finden sind? Und gar mit Fragen, die selbst Lehrer in Zweifel und Unsicherheit stürzen könnten?

Sollen junge Leute in Schule nicht mit der Basis allen Wissens, den kulturell geforderten *Grundfertigkeiten* vertraut gemacht werden? Und zwar in Gestalt von standardisierbaren und überprüfbaren Wissensbeständen? Wissen droht dann allerdings zum toten Ding und zum sterilen Besitz zu werden. Auf testbaren Basisfertigkeiten lässt sich kaum ein lebendiges und irritierbares Wissen aufbauen – wie es eine landläufige PISA-Philosophie suggeriert.

Hier schließen sich weitere Überlegungen an – im Anschluss an die Studien von Helmut Seel über Adornos Erkenntnisphilosophie und an Klaus Holzkamps Hinweise auf „affinitives Lernen".

Die Erkenntnisphilosophie von Theodor W. Adorno lässt sich als Bemühung kennzeichnen, Erstarrungen des Denkens und Lernens bewusst zu machen, wenn beide sich von den negativen Zuflüssen des Zweifels, der Irritation, des Absturzes in die Ratlosigkeit vor unbegriffenen Widerfahrnissen abschneiden. Das hat Martin Seel in seiner Arbeit „Adornos Philosophie der Kontemplation" gezeigt. Das Denken Adornos legt der Beherrschung der Dinge mit Begrifflichkeiten, die sie allgemeinen Gesetzen unterwerfen, Steine in den Weg.

Auf die Beherrschung, die sich die Welt als Objekt gefügig machen will, zielt die in der Neuzeit sich allenthalben durchsetzende „instrumentelle Vernunft". Seel nennt Adornos Werk „eine einzige Apologie von Reaktionsweisen, die im Gang der Zivilisation unterdrückt, vergessen und verdrängt worden sind".

„Diese vom Siegeszug der instrumentellen Vernunft bedrohten Reaktionsweisen fasst Adorno unter dem Obertitel einer Beachtung des',Nichtidentischen' zusammen. Manchmal ist auch von dem ‚Heterogenen', ‚Fremden', ‚Verschiedenen', ‚Einmaligen' oder ‚Besonderen' die Rede. Dieses Nichtidentische steht bei Adorno für alles das, was einer auf technische Verfügung gerichteten Aufmerksamkeit entgehen muss. Es verweist auf die individuelle Gegenwart von Dingen und Personen. Diese ist nicht nur mit einer unausschöpfbaren Fülle von Erscheinungen, sondern auch mit einem undurchschaubaren Horizont von Erinnerungen und Erwartungen und darüber hinaus mit unabsehbaren Möglichkeiten der Erfahrung verbunden ... Nur dort freilich, wo das Vermögen zu Bestimmung und Verfügung aufgegeben wird, kann sich auch die Fähigkeit entwickeln, etwas – einen Gegenstand oder ein Gegenüber – sein zu lassen. Dann wird es möglich, die Gegenwart von Personen und Sachen nicht auf deren begrifflich fixierbaren oder praktisch verwertbaren Aspekt festzulegen." (Seel 2004, S. 23/24).

Der Bericht des Geologen Hans Cloos hatte ein Erlebnis zum Inhalt, bei dem der Gegenstand des seitherigen Forscherlebens sich qualitativ veränderte: Aus einem Objekt, das in Begriffen festgelegt und auf allgemeine Gesetzlichkeiten hin durchsichtig war, wurde ein schier unheimliches Gegenüber, dessen überwältigende Erscheinung sich der beherrschenden Einordnung entzog – die Sache gewann, man möchte sagen eine Eigenwürde, ein antlitzhaftes Gegenüber, dem gegenüber sich die Behandlung verbot, die sie wie ein passives Erkenntnisobjekt rangieren ließ. Cloos mag das alte Objektwissen gänzlich unangemessen erschienen sein – nichts glaubt er gewusst und gelernt zu haben, metaphorische Übertreibung einer sehr realitätshaltigen Erfahrung.

Diese Erfahrung findet ihren theoretischen Widerhall in Adornos Verteidigung der Welt als eines Gegenüber, dem der Status des verfügbar gemachten Objekts durchaus unangemessen ist: *„Adornos Revision der Erkenntnistheorie zielt auf eine Revision der Erkenntnispraxis ... Denn sein Begriff des Gegenstands von Erkenntnis ist letztlich nicht der eines Objekts, das zur subjektiven Verfügung stünde, sondern der eines Gegenübers, das den Erkennenden Achtung und Beachtung abverlangt.* Wie ein Subjekt *steht das Subjekt der erweiterten Erkenntnis dem erkennenden Subjekt gegenüber. Für diese Überblendung der Positionen von Subjekt und Objekt steht die Kunsterfahrung bei Adorno Pate ... Wer das Gegenüber in den genannten Verhältnissen zu beherrschen versucht, muss es und muss damit sich selbst verfehlen. Denn er zerstört damit die Position seines Gegenüber nicht allein auf der* anderen, *sondern auch auf der* eigenen Seite. *Wer andere und anderes nicht ein Gegenüber sein lassen kann, kann selbst kein Gegenüber für andere und anderes sein."* (Seel 2004, S. 52) Das heißt soviel wie: Wer die Welterfahrungen so verstümmelt, dass er nur mehr ihrer Individualität entledigte Objekte, ohne Rest subsumierbar unter Allgemeinbegriffe, gewahrt – dem wird diese Welt auch nichts mehr als ein Gegenüber selbst sagen können; seine Empfangsorgane für die Welt als Gegenüber sind so verstümmelt wie die Weltgegebenheiten selbst. Diese Denkfigur, die zwischen der Welt als Objekt und als Gegenüber unterscheidet erinnert an Martin Bubers Vorschlag, zwischen Grundaspekten der Welt als Du und als Es zu unterscheiden. Der solcherart in seiner Erfahrungsfähigkeit Beschädigte *„beraubt sich der Freiheit, sein Denken und Handeln in Antwort auf die Konfigurationen der Welt zu bestimmen. Er ist auf das Fixieren fixiert. Für diese verfehlte Welt- und Selbstbeherrschung ist der Mechanismus der begrifflichen Domestizierung zentral, also eine Erkenntnispraxis, die ihr Ziel nicht in der Überschreitung, sondern allein in der Sicherung eindeutiger begrifflicher Zuschreibungen hat."* (Seel 2004, S. 52/53)

Adornos These von der im Beherrschungsdrang verstümmelten Erfahrung legt die Vermutung nahe, dass relevantes Lernen darauf abzielen müsste, der Verstümmelungspraxis entgegenzuarbeiten – also den instrumentellen Weltumgang zu entkräften. Dann würden Erlebnisse vom Typ der Cloos'schen Vesuv-Begegnung oder der Bernhart'schen Spracherschütterung exemplarisch für das eigentliche Lernen stehen.

Man mag dagegen ja schon selbstkritisch die Frage ventilieren, ob im Licht von Adornos Erkenntnisanalysen diese Ausnahmeerfahrungen nicht doch zu Unrecht hochgejubelt wurden, wenn sie als Erscheinungen authentischer Weltberührungen im Detail interpretiert werden. Kann ein Lehrender sich an diesen Exzentrizitäten orientieren? Wie stehen sie zu dem alltäglich laufenden Leben, das ja nur möglich ist, wenn Menschen den instrumentelle Umgang mit sich und der Welt praktizieren und sich nicht fortreißen lassen von Ausnahmeerlebnissen. Noch schärfer: Drohen Pädagogen und Philosophen im Sog von Ausnahmeerfahrungen (um solche handelt es sich bei den autobiographisch erzählten Geschichten dieses Kapitels ohne Zweifel) nicht den Boden unter den Füssen zu verlieren und ein Lern-Utopia anzusteuern?

Martin Seel macht keinen Hehl daraus, dass Adornos Darstellung von Einseitigkeit bedroht ist, wenn er den das Gegenüber anerkennenden Umgang mit Welt „ausschließlich als Gegensatz zur Instrumentalisierung und Ökonomisierung" (Seel 2004, S. 61) darstellt. Er plädiert dafür, die kontemplative Weltzuwendung, die sich treffen lässt von dem besonderen Widerfahrnis des Einmaligen, als *Korrektiv* (Seel 2004, S. 62) der Praxis aufzufassen und zu handhaben – als Korrektiv einer Praxis, die nicht umhin kann, unablässig auch instrumentell mit sich und der Welt umzugehen. Eine Einschätzung der ästhetischen Kontemplation anderseits – als sei sie die einzig des Menschen würdige Tätigkeit – verkennt, was gesellschaftliche Praxis neben und auch gegen kontemplative Betreffbarkeiten leisten kann und muss. Sie verleugnet die „Tatsache, dass das instrumentelle Gelingen eine konstitutive Dimension aller sozialen und politischen Praktiken ist. Denn auch in der besten aller Welten wollen Kinder aufgezogen, Kranke versorgt, die Toten beerdigt, Güter produziert und verteilt, Verkehrswege erhalten, Staaten verwaltet und Rechtsgrundsätze verteidigt werden – alles Praktiken, die ohne instrumentelle Vernunft nicht zu machen sind." (Seel 2004, S. 63)

Holzkamp schlägt vor, zwei Arten der Konzentration bei der Bemühung um einen Aufschluss über einen Tatbestand zu unterscheiden. Man kann eine „aktive Aufmerksamkeit „ mobilisieren. Menschen suchen dann angesichts eines ungeklärten Sachverhalts nach Informationen, Ideen, Erinnerungen, Vorwissen, die weiterzuhelfen versprechen. Dabei wird manches, was jemand durch den Sinn geht, definitiv als unbrauchbar zur Problemlösung ausgeschlossen. Das Bewusstsein ist fixiert auf jene Momente, die zur Klärung des Sachverhalts beizutragen scheinen. Holzkamp nennt diese Art der Konzentration „definitive Zuwendung". Man grenzt das Suchfeld aktiv und definitiv von diffus streuenden Einfällen und Erinnerungen ab. Diesem aktiv prüfenden und definitiv ausschließenden Zugriff stehen gegenüber von Holzkamp so genannte „affinitive Zuwendungen". Sie sind gekennzeichnet „durch eine nicht aussondern einschließende Herangehensweise" (Holzkamp 1993, S. 328). Die lernende Weltzuwendung richtet sich da nicht darauf, Gegebenheiten ins Visier einer prüfenden Sichtung zu unterwerfen, um eine angezielte Aufklärung zu erreichen – gar auf möglichst direktem und zeitsparendem Weg. Diese Art des Weltumgangs lässt hingegen die Zügel der Hinwendung zu Sachverhalten locker. Sie verzichtet auf die Kontrolle der Einfälle und der aufkommenden Erinnerungen an sich aufdrängende frühere Erfahrungen. Sie ist bemüht, sich zurückzuhalten und die in Frage stehenden Sachverhalte in ihrer Fülle vorkommen zu lassen – in der Hoffnung, dass das Neue, das da zutage treten kann, dem lernenden Nachdenken mehr und anderes zu Gesicht, zu Bewusstsein bringen könnte als die zielfixierte Beschneidung durch definitive Beschränkung des Blickfeldes. Es handelt sich um ein „Kommenlassen" von gegenständlichen und sprachlichen Bedeutungsverweisungen, ein „Sich-zurücklehnen", ein „Sich-leiten-Lassen" von „Verwandtschaften", ein „Fortgetragen werden von einer Verweisung zur nächsten …, dadurch Einbeziehung des Vergangenen in seinem Verhältnis zum Gegenwärtigen" (Holzkamp 1993, S. 328/329).

In gewisser Weise handelt es sich bei dieser Art von Konzentration um eine, die auf die Steuerung durch eine fixe Intention verzichtet. Es geht aber nicht darum, jede Intention aufzugeben und sich absichtslos treiben zu lassen von allen möglichen Regungen. Es geht nur darum, dass ich „hier intendiere, meine Intention, ohne sie preiszugeben, möglichst weitgehend so zurückzunehmen und stillzustellen", dass die „in der Sache liegenden" Verweisungszusammenhänge bei mir ungestört zur Geltung kommen. Es handelt sich dabei also um eine bestimmte Art von „Konzentration", in welcher ich mich nicht auf etwas Bestimmtes konzentriere, sondern dabei bin, äußere Störungen, irrelevante Gedanken, „Ablenkungen", so weit von mir fernzuhalten, meinen Kopf quasi so weit „leer" zu machen trachte, dass ein bestimmter Erfahrungszusammenhang „in" mir zur Geltung kommen kann. „Galliker (1990) hat dem gemäß die Formel für die Freisetzung affinitiver Sprache, die im Rahmen definitiver Sprache das Erinnern einleiten kann, so umschrieben: ‚Nicht ich spreche, nicht du sprichst, sondern es spricht'." (Holzkamp 1993, S. 330)

Nun kann es nicht darum gehen, auf definitive Lernphasen zu verzichten – die affinitiven Lernphasen können als deren Korrektiv, nicht als deren Aufhebung gelten. Die Verwandtschaft zu dem Korrektiv des instrumentellen Lernens, von dem bei Seel die Rede war, liegt zutage .

„Da das Erfordernis affinitiven Lernens notwendig von der Art der jeweiligen Lernproblematik abhängt, käme es also … darauf an, *fixierende, definitive Momente* auf eine Weise mit *affinitiven ins Verhältnis zu bringen bzw. abzuwechseln*, die für mich aus der Art der jeweiligen Lernproblematik bzw. dem Prozess ihrer Überwindung und den dabei auftauchenden Widerständen, Hindernissen, Dilemmata begründet ist." (Holzkamp 1993, S. 330)

Affinitive Lernphasen – solche also, in dem man aus dem zielfixierten Krampf des unbedingten Problemlösungswillen aussteigt und sich zurücklehnt, mit leerem Kopf darauf wartet, dass sich neue Annäherungen ergeben könnten – sie werden, so Holzkamp, besonders bedeutungsvoll, wenn der Lernende sich durch einseitige Fixierungen in Sackgassen zu verrennen droht:

„In solchen Situationen werden durch verbesserte operative Planung, eindeutigere Zielsetzungen, bewusstere Lernanstrengungen die Schwierigkeiten und Hindernisse naturgemäß immer nur noch größer. Vielmehr muss es mir hier darum gehen, mich zurückzunehmen, auf die inneren Verweisungszusammenhänge meiner Beziehung zum Lerngegenstand zu ‚hören', den Lerninhalt gegenüber meinen Bewältigungsversuchen und dem dadurch produzierten ‚psychischen Lärm' zur Geltung kommen zu lassen, also affinitiven Verweisungsreihen über das von mir bisher Ergriffene hinaus Raum zu geben, um danach auf einer neue umfassendere Grundlage meine Lernhandlungen wiederum bewusst und definitiv voranbringen zu können." (Holzkamp 1993, S. 331/332)

Es handelt sich bei dieser Sicht auf Lernprozesse um die Überwindung einseitig konstruktivistischer Vorstellungen. Den konstruktiv instrumentierten Aktivitäten muss ein vorbegriffliches Empfangen, dem Bewältigen ein Hinhören, der Problemlösungsarbeit ein entspanntes Gewährenlassen dessen, was die Sache ausstrahlt, entsprechen – wenn das Lernen nicht den Seinsbezug verlieren sollte und nur noch mit sich selbst beschäftigt wäre.

Die unterschiedlichen thematischen Beispiele dieses Kapitels – von Cloos, von Bernhart, von Adorno, von Holzkamp – kreisen um die Erscheinungsformen eines Lernens, das sich auf die Spannungen zwischen definitiven und affinitiven Weltzugängen einlässt und nicht durch vorschnelle Durchsetzungen des Beherrschungswissens neutralisiert.

Holzkamps Erörterung des affinitiven Weltumgangs erinnert an einen Satz, in dem Josef Pieper die alteuropäische Bedeutung von Kontemplation zusammenfasst. *„Dies ist ein erstes Element des Begriffes Komtemplation: Schweigendes Vernehmen von Wirklichkeit."* (Pieper 1957, S. 75)

Noch einen anderer Traditionsstrang ist zu erwähnen, der sich in Holzkamps Reflexionen über ein affinitives Lernen meldet – ein in der Aufklärung wurzelnder Einspruch gegen den dogmatischen Macherglauben, der unempfindlich wird gegen das, was sich der Machbarkeit entzieht. In einem Aphorismus Lichtenbergs stehen Dinge, die eine auf aktive Weltbewältigung fixierte Haltung irritieren könnte: Es handelt sich um die Ernüchterung größenwahnsinniger Machbarkeit: *„... Wenn man nach gewissen Regeln erfinden lernen könnte, wie z. Ex. die sogenannten LOCI TOPICI sind, oder wenn die Vernunft sich selbst in den Gang setzen könnte, so wäre diese(s) gerade ein solche Entdeckung, als die Thiere zu vergrössern, oder Sträuche zur Grösse von Eichbäumen auszudehnen. Es scheint, als wenn allen Entdeckungen eine Art von Zufall zum Grunde läge, selbst denen, die man durch Anstrengung gemacht zu haben glaubt ... die Haupt-Erfindungs-Sprünge scheinen so wenig das Werck der Willkühr zu seyn als die Bewegung des Hertzens ... Hierher gehört, was ich an einem anderen Ort gesagt habe, dass man nicht sagen sollte: ich dencke, sondern ES DENCKT so wie man sagt: ES BLIZT."* (Lichtenberg 2005, S. 884)

Ein Mosaik persönlicher Wissens- und Erlebnisgeschichten, die sich am unverhofften Umgang mit Naturwiderfahrnissen entzündet haben, habe ich in einer Abhandlung im Handbuch „Kinder. Kindheit. Lebensgeschichte" (Hg. v. Behnken/Zinnecker) zusammengestellt – mit Aufmerksamkeitsrichtungen, die in diesem Kapitel federführend sind (Rumpf 2001).

Was verbindet die hier zusammengeführten Ansätze eines Lernens, das die Staunkraft des Menschen nicht zur Vorstufe eines definitiven Wissens instrumentalisiert? Der Linguist und Romanist Harald Weinrich hat für diese Tendenzen die schöne Formulierung gefunden, es gelte für jede Didaktik einen „Pakt mit der Fremdheit zu schließen" (Weinrich 1981, auch in Weinrich 1985).

Kapitel 6:
Fruchtbares Befremden – Variationen des Umgangs mit Unerwartbarem (Wilson, Kleist, Bohrer, Th. Mann, Wagenschein)

Käte Meyer-Drawe hat dem Sog des Unbekannten, dem sich das moderne autonome Subjekt zu entziehen neigt, in folgender Formulierung nachgedacht: *„Das autonome Subjekt, das sich vor allem von seiner Fähigkeit zu denken begreift, ordnet die Dinge, ohne ihren Überschuss über die Begriffe zu respektieren."* (Meyer-Drawe 1990, S. 90) Am Überschuss über die Begriffe scheitern die Bemühungen, die das Neue und Unerwartete in ihrer einbrechenden Existenz domestizieren und eingemeinden wollen. Wie können Formen des Umgangs mit diesem Überschuss, der unerwartbar ist, aussehen?

Beispiel 1: Der Biologe Edward O. Wilson und seine Löwenameisen

Der Biologe Edward O. Wilson hat seine 1994 in Washington erschienene Biographie *Naturalist* überschrieben. Er beschreibt darin Erlebnisse, von denen man auf den ersten Blick meinen möchte, sie hätten nichts mit der Arbeit eines forschenden Wissenschaftlers zu tun, der ja dem Vernehmen nach darauf aus zu sein hat, objektive Forschungsergebnisse – möglichst viele, möglichst neue – auszumachen und auszubreiten. Wilson berichtet von heimlichen Erlebnissen und Faszinationen seiner Kindheit. Gänzlich Unspektakuläres aus der Sicht der Erwachsenen fiel ihm in den Sinn, ließ ihn nicht los – der Sog von Unbekanntem inmitten der vertrauten Umwelt traf ihn. Und er ließ sich treffen. Wilson erzählt von Ereignissen in Pensacola (Nordflorida), wo er als Kind einige Zeit mit seinen Eltern wohnte:

„Gehen wir am alten Dan Carlos Hotel vorbei ... und biegen nach links in die West Gregory Street ein. Nach ein paar Häusern kommen wir zur Wohnung meiner Eltern im zweiten Stock eines Zweifamilienhauses im alten spanischen Stil. Im Garten neben dem Hotel steht eine alte Virginia-Eiche, in der Blauhäher sitzen und sich gegenseitig anschreien. Ihr Ruf klingt wie eine Feuersirene, die ständig Alarm gibt. Auf dem Bürgersteig (bitte blicken Sie gelegentlich nach unten und suchen Sie mit mir, die Insekten zu erforschen) rennen Löwenameisen der Gattung Dorymyrmex wie Kreisel auf dem glutheißen Beton umher. Zertritt man eine, verströmt sie den unverwechselbaren Geruch der Drüsenameisen ... Vierzig Jahre später werde ich genau an diese Stelle zurückkehren. Ich werde mich hinknien (ein älterer Schwarzer, der vorbeikommt, wird mich fragen, ob ich Hilfe brauche) und wieder nach Löwenameisen suchen. Der Dreck und das gesprungene Pflaster sehen noch aus wie früher, aber die herumlaufenden Ameisen sind Pheidole dentata. Sie haben keinen scharfen Geruch. Fünfzehn Jahre später dieselbe Beobachtung. Immer wenn ich in Pensacola bin, komme ich hierher, um zu sehen, ob die Dorymyrmex auf diese ein bis zwei Quadratmeter große Stelle zurückgekehrt sind." (E. O. Wilson 1999, S. 54/55).

Fasziniertsein, Gefesseltsein eines Jungen durch ein recht unspektakuläres Kleinstphänomen:. Da, an dieser Stelle neben der alten Virginia-Eiche, ist es passiert, dass ihn wie ein Blitzstrahl unerwartbar das Unbekannte traf, ja anfiel: da krabbeln und wimmeln diese befremdlichen Kleinwesen – es sind keine Steinchen, keine Gräser, keine Erdkrumen. Sie können rennen und sich (wie wir Menschen) aus eigener Kraft bewegen, manches sieht aus wie zielbewusst geschäftiges Erledigungsgebaren, vieles aber auch wie chaotisch ungeordnetes Herumrasen. Besonders befremdlich der scharfe stechende Geruch, wenn man eine dieser Ameisen zertrat ... Einerseits bizarre Fremdheit, anderseits Nähe, Verlässlichkeit in dem immergleichen Gewusel mit der ziellos-undurchdringlichen Turbulenz vor der Haustür, immer auf demselben ein bis zwei Quadratmeter großen Platz mit dem betonierten Boden. Der Junge kommt nicht los von der Erschütterung durch diese grotesken Tänze, was auch immer der Anstoß für den ersten

Blick war, der dann haftete am Sog des Unbekannten und Singulären inmitten der aus dem Alltag vertrauten Umwelt.

Und der weltberühmte Ameisenforscher, der inzwischen natürlich längst alles wusste, was es an allgemeinen Einsichten und regelhaften Zusammenhängen über diese etwas schrullig wirkenden Kleinwesen zu wissen und zu studieren gibt, er kommt auch nicht los von dem, was ihn auf dieser ein bis zwei Quadratmeter großen dreckig-rissigen Betonfläche in einem Städtchen Nordfloridas einmal fasziniert, ja „erwischt" hat. Er will nicht loskommen – er könnte sich ja mit Laborbeobachtungen und Experimenten in seiner Forschungsstätte begnügen, wenn es nur darum ginge, diese Sorte Ameisen immer besser kennen zu lernen. Aber nein: es geht ihm ersichtlich um eine Art Wiederbelebung der primären Erschütterung durch diese Tiere in einer ganz bestimmten lokalen Szenerie. Kein Foto, keine Erzählung schafft die gesuchte Wiedervergegenwärtigung. Der erwachsene Mann scheut sich nicht, sich hinzuknien, um dem Ameisengeschehen und den Gerüchen um den Betonboden möglichst auch physisch so nahe zu kommen wie einst. Das wirkt auf Passanten dermaßen befremdlich, dass er gefragt wird, ob ihm etwas fehle. Immer wieder, sobald sich die Gelegenheit bietet, ist er geradezu bemüht, das Wissen des extramundan bleibenden Wissenschaftssubjekts hinter sich zu lassen – jenes Wissen also, das sich längst von einmaligen Betroffenheiten gelöst hat und abstrakt verwaltet, gespeichert und weitergegeben wird.

Er will sich wieder treffen lassen von dem Unglaublichen: dass es solche vor Rätselhaftigkeit förmlich triefenden Wesen hier und jetzt tatsächlich gibt. Er sucht nach einer Weltberührung, der die Welt so erstaunlich wird, fast als gewahrte er sie zum ersten Mal.

Wer das für unwissenschaftliche Sentimentalitäten eines alten Mannes hält, verkennt, dass es hier um fundamentale Beunruhigungen des Gewohnheitsblicks geht, ohne die jedes Lernen, Denken, Forschen, Lehren in Bestandsaufnahme und Scholastik erstarrt. Es geht hier offenbar um eine Aufmerksamkeit, deren Intensität durch keine noch so sorgsame und methodisch gesicherte Spezialforschung je wieder eingeholt wurde – sie wurde auch durch keine dieser Forschungen ausgelöscht. Eine

Fasziniertheit von der Abgründigkeit der puren Existenz – *dass* diese rätselhaften Wesen *so existieren*. Es kann doch nicht wahr sein ... Es handelt sich um eine andere Art des Wissens, des Forschens, des Denkens als es die ist, die in der Spezialforschung zum Zug kommt und kultiviert wird. Diese andere Art wird abgekappt durch die Attitüde, die Wissen als eine Art Endprodukt mit Geläufigkeit und Kennerschaft betrachtet, verwaltet, kontrolliert oder auch optimiert.

Mag sein, dass der Umgang mit Tieren – durch ihre für uns immer wieder undurchdringliche Mischung aus Vertrautheit und Fremdheit (vgl. Rumpf 2002) – für Heranwachsende exemplarische Chancen für Aufmerksamkeiten im Sog des Unbekannten birgt. Dies allerdings unter der Voraussetzung, dass die Wissensverbreitungsindustrie Kinder nicht mit Bildern und Informationen so voll stopft, dass ihnen Hören und Sehen auch im Umgang mit Tieren vergeht.

Beispiel 2: Kleist entziffert eine Szene der französischen Revolution

„Sind unsere Tagesläufe nicht unendlich absehbar, und ist nicht das Gesetz jeder sozialen Handlung Vorausberechnung?", fragt Karlheinz Bohrer zu Beginn seines Essays „Die Furcht vor dem Unbekannten" (Bohrer 1981, S. 68).

Viel spricht dafür, dass soziales Handeln in vielen Variationen darauf abzielt, Räume und Zeiten gegen Einbrüche des Unbekannten abzudichten. Lernen wäre dann soviel wie die Einstudierung von Schutzmassnahmen gegen unvorhersehbare Geschehnisse. „Denken das Ordnen des Tuns" heißt denn auch das Monumentalwerk des pädagogischen Kognitionspsychologen Hans Aebli. Gibt es daneben auch ein Denken, das sich unbekannten und unvorhersehbaren Geschehnissen aussetzt, ihnen sogar zum Durchbruch verhilft? Vorgänge wären das, die etablierte Ordnungen und Erwartungen links liegen ließen um eines gewitterten Unbekannten willen. Ein Lernen, das mit der Regel bräche, alles vernünftige Lernen habe Menschen einzuspuren in Handlungsformen, die sie von unvorhersehbaren Zufällen im laufenden Leben absichern und befreien?

Bohrer verweist auf eine Passage in Kleists Aufsatz „Über die allmähliche Verfertigung der Gedanken beim Reden": *„Ich glaube, dass mancher große Redner, in dem Augenblick, da er den Mund aufmachte, noch nicht wusste, was er sagen würde. Aber die Überzeugung, dass er die ihm nötige Gedankenfülle schon aus den Umständen und der daraus resultierenden Erregung seines Gemüts schöpfen würde, machte ihn dreist genug, den Anfang auf gutes Glück hin, zu setzen. Mir fällt jener ‚Donnerkeil' des Grafen Mirabeau ein, mit welchem er den Zeremonienmeister abfertigte, der nach Aufhebung der letzten monarchischen Sitzung des Königs am 23. Juni, in welcher dieser den Ständen auseinanderzugehen anbefohlen hatte, in den Sitzungssaal, in welchem die Stände noch verweilten, zurückkehrte und sie fragte, ob sie den Befehl des Königs vernommen hätten? ‚Ja', antwortete Mirabeau, ‚wir haben des Königs Befehl vernommen' – ich bin gewiss, dass er bei diesem humanen Anfang noch nicht an die Bajonette dachte, mit welchen er schloss: ‚Ja, mein Herr', wiederholte er, ‚wir haben ihn vernommen' – man sieht, dass er noch gar nicht recht weiß, was er will. ‚Doch was berechtigt Sie', fuhr er fort, und nun plötzlich geht ihm ein Quell ungeheurer Vorstellung auf, ‚uns hier Befehle anzudeuten? Wir sind Repräsentanten der Nation.' Das war es, was er brauchte! ‚Die Nation gibt Befehle und empfängt keine' – um sich gleich auf den Gipfel der Vermessenheit zu schwingen. ‚Und damit ich mich Ihnen ganz deutlich erkläre' – und erst jetzt findet er, was den ganzen Widerstand, zu welchem seine Seele gerüstet dasteht, ausdrückt: ‚So sagen Sie Ihrem Könige, dass wir unsere Plätze anders nicht, als auf die Gewalt der Bajonette verlassen werden.' Worauf er sich, selbstzufrieden, auf einen Stuhl niedersetzte."* (Zit. bei Bohrer 1981, S. 80/81)

Es handelt sich hier offensichtlich nicht darum, dass Mirabeau auf zuvor gelernte und nunmehr bereitliegende Schätze seines Gedächtnisses und seines Sprachrepertoires zurückgegriffen habe, um eine bestimmte heikle Situation durch bewährte rhetorische Griffe zu seinen Gunsten zu wenden. Für diese Situation gab es keine Vorbilder – und es gab kein Repertoire von Bewältigungsmechanismen., die „aus vorangegangenen Überlegungen, aus der kulturellen Tradition" (Bohrer 1981, S. 82) ableitbar gewesen wären. Es gab keine Chancen, aus diesem

Neuen ein *Altes* zu machen. Mirabeau spürte in der von Ungewissheit knisternden Situation einen Sog, so dass ihm aus jeder Tradition fallende Formulierungen über die Lippen kamen, von denen er sich vorher nichts hätte träumen lassen.

So singulär der Kontext dieser Szene war – sie regt dazu an, nach Szenen zu fahnden, in denen Verwandtes passieren kann. Ähnliches kann sich in Gedanken zwischen Menschen vor Widerfahrnissen dann zusammenbrauen, wenn und weil keine vorgefertigten Klärung zur Verfügung stünden. Dann würde wirklich nachgedacht.

Ein scheinbar völlig anders situiertes Beispiel dazu aus einer Lehrsituation gibt Martin Wagenschein zu einem Physikunterricht, in dem ein Phänomen den Beteiligten die Sprache verschlägt und sie doch nach Worten und Gedanken ringen lässt – der Sog des Unbekannten ist unter diesen Umständen kaum zu entschärfen.

„Man mischt feinste Staubkörnchen ins Wasser, betrachtet eine dünne Schicht solchen Wassers durchs Mikroskop und bei starker seitlicher Beleuchtung vor dunklem Hintergrund (am schönsten wirkt es bei Mikroprojektion) sieht man dann auf dem Schirm in einem Kreis von etwa einem Meter Durchmesser etwas Unvergessliches: Auf dunklem Hintergrund erscheinen diese Staubkörnchen wie Sterne des Nachthimmels, aber in einer unaufhörlichen durcheinanderirrenden, torkelnden, ziellosen Bewegung. Die kleinen Sterne sind schnell ‚die größeren sind munter, die ganz großen, die zittern, als wären sie angeseilt. Ich habe das mit Kindern machen können und weiß, wie das ist. Man braucht kein Wort zur Erklärung *zu* sagen. *Die Sache einfach selbst zu sehen, das ist es, worauf es ankommt, das ist etwas Wirkliches ... Das Allerunheimlichste habe ich noch nicht erzählt. Wenn man diese Wasserschicht von der Außenwelt abschließt, also versiegelt, dass sie nicht verdampfen kann, dann hält die Bewegung an und zwar für immer. Man kann also verreisen, wochenlang – und kommt dann nach Hause und guckt wieder hinein: alles wie gehabt, es ist dasselbe, dieselbe Geschäftigkeit."* (Wagenschein/Buck 1984, S. 10)

Jedes Wort der Erklärung, jede didaktische Scheinfrage (vom Typ: Was seht ihr? Was fällt euch dazu ein?) würde die Präsenz des Unbekannten unverzüglich vertreiben. Der Sog des Unbekannten wäre dahin. Das Unheimliche der Sache wäre zum Lehrgegenstand domestiziert. Der Lernende wäre zum Objekt von vorentwickelten Lehrprozessen reduziert. Die Sprache ,die das Phänomen als rätselhaft Belassenes entbinden kann, ist so wenig vorhersehbar und standardisierbar wie die Denkvorgänge, die unweigerlich in Gang kommen, fern von allen planierten Lernschnellwegen.

Ein Vergleich von Unterrichtsauftakten bei zwei bedeutenden Pädagogen – Hans Aebli und Martin Wagenschein – kann schlagend deutlich machen, wie unterschiedlich eine Sache auftauchen kann – je nach dem, ob der Lehrende auf Konfrontation mit dem Unbekannten setzt (wie Wagenschein) oder ob er die Schüler auf gesicherten Wegen zu sicheren Erkenntnissen geleiten will (wie Aebli). Diese Differenz ist in einem Essay auseinandergefaltet worden (Rumpf 2009, S. 231–236). Einmal geht es um das Aufmerksamwerden, im andern Fall um das Aufmerksammachen. Die Lernatmosphären unterscheiden sich nachhaltig.

Beispiel 3: Ein Vortrag über Beethovens Sonate 111 (Wendell Cretzschmar in „Doktor Faustus" von Thomas Mann, Kapitel VIII)

Thomas Mann beschreibt in „Doktor Faustus" Szenen aus der Lerngeschichte seines Protagonisten Adrian Leverkühn und dessen Jugendfreund Serenus Zeitblom. Markanteste Figur dieser jugendlichen Lernzeit war der seinerzeit in Kaisersaschern (einem imaginären Ort in Mitteldeutschland) tätige Organist Wendell Cretzschmar. Die Art, wie dieser in schlechtbesuchten öffentlichen Vorträgen Werke der Musikgeschichte seinen Zuhörern nahe zu bringen unternahm, war den beiden jugendlichen Zuhörern unvergesslich. Die Werke waren keine im üblichen Vortragstil präsentierten Kulturdokumente. Sie gewannen eine geradezu unheimliche Fremdheit *und* Nähe. Das wurde verstärkt durch die Diskrepanz zwischen intellektuellem „grossem drängenden Gedankenreichtum" und „leidenschaftlichem Zugetansein zu mitteilender Rede" und einer schweren Sprechbehinderung, die den Redner immer wieder mit peinlich wirkenden Stotteranfällen überfiel, so dass pointenreiche inhaltliche Höhepunkte seiner Rede in katrastrophalen Sprachzusammenbrüchen versackten – so dass zum Beispiel „im Ringen mit einem Labiallaut seine Wangen sich aufblähten, seine Lippen sich im platzenden Schnellfeuer kurzer, lautloser Explosionen ergingen; oder endlich auch einfach, dass plötzlich seine Atmung in heillos hapernde Unordnung geriet und er trichterförmigen Mundes nach Luft schnappte wie ein Fisch auf dem Trockenen – mit den gefeuchteten Augen dazu lachend, das ist wahr, er selbst schien die Sache heiter zu nehmen ..." (Mann, o.J., S. 53).

Dieser Mann also trug in dem kleinstädtischen „Saal der Gesellschaft für gemeinnützige Tätigkeit" vor weniger als einem Dutzend Zuhörern vor – zu dem wenig öffentlichkeiswirksamen Thema, warum Beethoven für die späte Sonate 111 keinen dritten Satz geschrieben habe. Die Freunde und Bewunderer Beethovens hätten seinerzeit, so führte er aus, dem Verehrten in seinen Spätwerken nicht folgen können und sich „vor einem Prozess der Auflösung, der Entfremdung, des Entsteigens ins nicht mehr Heimatliche und Geheure, vor einem plus ultra eben" gesehen (Mann o.J., S. 559). Beethoven „sei in seiner Mittelzeit weit subjektivistischer, um nicht zusagen ‚persönlicher' gewesen als jetzt; weit mehr sei er damals bedacht gewesen, alles Konventionelle, Formel- und Floskelhafte, wovon die Musik ja voll sei, vom persönlichen Ausdruck verzehren zu lassen, es in die subjektive Dynamik einzuschmelzen ... Unberührt, unverwandelt vom Subjektiven trete die Konvention im Spätwerk öfters hervor, in eine Kahlheit oder, man möge sagen, Ausgeblasenheit, Ich-Verlassenheit, welche nun wieder schaurig-majestätischer wirke als jedes persönliche Wagnis. In diesen Gebilden sagte der Redner, gingen das Subjektive und die Konvention ein neues Verhältnis ein, ein Verhältnis, bestimmt vom Tode. Bei diesem Wort stotterte Cretzschmar heftig; festhängend am Anfangslaut, vollführte seine Zunge am Gaumen eine Art von Maschinengewehrfeuer, wobei Kiefer und Kinn mitwirbelten, ehe sie Ruhestand fanden in dem Vokal, der das Gemeinte erraten liess ... Er fragte nicht, ob wir das verstünden und auch wir fragten uns nicht danach. Wenn er meinte, die Hauptsache sei, dass wir es hörten, so teilten wir vollkommen diese Ansicht' (a.a.O., S. 56).

Cretzschmar spielte während des Vortrags Teile der Sonate – das Spiel immer wieder unterbrechend durch erklärende Hinweise, die öfter eher hinausgeschrien wurden. Er rief seine Kommentare in das eigene Spiel hinein, um uns auf die Führung aufmerksam zu machen, er sang „begeisterungsvoll demonstrativ mit, was alles zusammen einen teilweise hinreissenden, teilweise komischen und von dem kleinen Auditorium wiederholt auch mit Heiterkeit aufgenommenen Spektakel ergab ... Mit dem Munde ahmte er nach, was die Hände spielten. Bum-bum- Wum-wum- Schru-schrum, machte er bei den grimmig auffahrenden Anfangsakzenten des ersten Satzes und sang in der hohen Fistel die Passagen melodischer Lieblichkeit mit, von denen der zerwühlte Sturmhimmel des Stückes zuweilen wie von zarten Lichtblickn erhellt ist. Schliesslich legte er die Hände in den Schoss, ruhte einen Augenblick aus und sagte: ‚Jetzt kommt's.' Er begann den Variationensatz ... Und Cretzschmar spielte uns mit arbeitenden Händen all diese ungeheuren Wandlungen, indem er aufs heftigste mitsang. ‚Dim-dafa' und laut hineinredete: ‚Die Trillerketten!', schrie er. ‚Die Forituren und Kadenzen! Hören Sie die stehengelassene Konvention? Da – wird – die Sprache nicht mehr von der Floskel gereinigt, sondern die Floskel – vom Schein – ihrer subjektiven Beherrschtheit – der Schein der Kunst wird abgeworfen – zuletzt wirft immer die Kunst den Schein der Kunst ab. Dim-dada! Bitte zu hören, wie hier – die Melodie vom Fugengewicht – der Akkorde überwogen wird! Sie wird statisch, sie wird monoton – zweimal hintereinander – die Akkorde machen es – Dim-dad! Bitte nun achtzugeben, was hier passiert –' Es war ausserordentlich schwer, zugleich auf sein Geschrei und auf die hochverwickelte Musik zu hören ..." (Mann a.a.O., S. 57)

Wie rechtfertigte dieser Mann seine doch reichlich subjektivistische, um nicht zu sagen chaotische Stilisierung seines Vortragsmaterials, die allen Normen einer didaktischen Rhetorik Hohn sprach? Ließ er nicht seinen privaten Liebhabermarotten die Zügel schießen? Und verletzte die Gesetze jeder

Vortragskunst: Klarheit, Verständlichkeit, Distanzgewinn, Verzicht auf Überwältigungsfiguren, die den Zuhörer seines eigenen Urteils berauben – namens einer diffusen Begeisterung? Von der Klarheit des Aufbaus eines systematisch nachvollziehbaren Zusammenhangs zu schweigen ... Wozu also dieses akustische Feuerwerk mit seinen Affektausbrüchen – ohne Rücksicht auf eventuell zu erkundende Interessenlagen und Verstehensschwierigkeiten der Zuhörer? *„Wendell Cretzschmar huldigte dem Grundsatz, den wir wiederholt aus seinem zuerst von der englischen Sprache geformten Munde (sc. er war Kind deutsch-amerikanischer Eltern, in Pennsylvania gebürtig) vernahmen, dass es nicht auf das Interesse der anderen, sondern auf das eigene ankomme, also darauf, Interesse zu erregen, was nur geschehen könne, dann aber auch mit Sicherheit geschehe, wenn man sich selbst für eine Sache von Grund auf interessiere, indem man davon spreche, schwerlich umhin könne, andere in dieses Interesse hineinzuziehen, sie damit anzustecken, und so ein gar nicht vorhanden Gewesenes, ein ungeahntes Interesse zu creieren, was viel besser lohne als einem schon bestehenden gefällig zu sein."* (A.a.O., S. 53) Womit die brisante Frage nach dem Entstehen von Interesse und die noch härtere Frage nach dem Entstehen von Interesselosigkeit in einer Weise beantwortet wird, die der allenthalben geforderten Anknüpfung an bestehende Interessen durchaus gegenläufig ist. Ein Fundamentalsatz der Lehrerbildung wäre dann nicht die Beherrschung von Belehrungs- und Motivationstechniken, sondern das lebendige Interesse an der zu lehrenden Sache, und zwar „von Grund auf" – das heißt aber doch wohl aufgestört und lebendig gehalten von dem nie durch souveräne Könnerschaft erstickten Sog des Unbekannten. Man könnte auch sagen: durch Liebe zur Sache, die durch keine Lehrtechnik zu ersetzen oder herbeizuzwingen ist.

Der Erzähler in Thomas Manns „Doktor Faustus", Leverkühns Freund Serenus Zeitblom, Lehrer für alte Sprachen am Gymnasium in Freising, notiert im Rückblick, was ihm als ebenso befremdliche wie fruchtbare Seite an Cretzschmars Vortragsgewohnheiten im Sinn blieb: *„Ich unterbreche mich in meiner Wiedergabe (sc. von Cretzschmars Vorträgen), nur, um aufmerksam zu machen, dass der Vortragende da von Dingen, Angelegenheiten, Kunstverhältnissen sprach, die noch gar* *nicht in unseren Gesichtskreis fielen und nur am Rande desselben erst durch sein immerfort gefährdetes Sprechen schattenhaft für uns auftauchten ... ‚Fuge', ‚Kontrapunkt', ‚Eroica', ‚Verwirrung durch überfärbte Modulationen', ‚strenger Stil' – das war im Grunde noch alles Märchengeraun für uns, aber wir hörten es so gern und mit so grossen Augen, wie Kinder das Unverständliche, eigentlich noch ganz Unzukömmliche hören – und zwar mit viel mehr Vergnügen, als das Nächste, Wohlentsprechende und Angemessene ihnen gewährt. Will man glauben, dass dies die intensivste und stolzeste, vielleicht förderlichste Art des Lernens ist – das antizipierende Lernen, das Lernen über weite Strecken von Unwissenheit hinweg? Als Pädagoge sollte ich ihm wohl nicht das Wort reden, aber ich weiss nun einmal, dass die Jugend es ausserordentlich bevorzugt, und ich meine, der übersprungene Raum füllt sich wohl mit der Zeit von selber aus."* (A.a.O., S. 60) Versteht sich, dass das kein Freibrief dafür ist, die Köpfe der Lernenden vorzeitig mit totem Wissen vollzustopfen.

Die Vortragsart Cretzschmars mag an eine Bemerkung des Pädagogen Martin Wagenschein erinnern – der sprach einmal von dem „ehrwürdigen Zustand des Stammelns" (vgl. Rumpf 2009, S. 5–12). So erratisch und unzeitgemäß sie einem fortgeschrittenen Verständnis von Lehre anmutet – sie weckt weitere Fragen, die zu heben fruchtbar sein könnte.

Was würde ein Profi-Lehrer in einem Äon verwissenschaftlichter Lehrtechnik daran kritisch registrieren? Zunächst einmal würde er den sprech- und darstellungstechnischen Mängeln keine Spur von positivem Sinn abgewinnen können – obwohl sich einem didaktisch nicht vorbelasteten Betrachter der Szene der Eindruck aufdrängen kann, da müsse jemand von einer leidvollen Erfahrung überwältigt sein, – von der nämlich, er sei quasi beruflich dazu verurteilt, etwas zur Sprache bringen zu müssen, was sich durchaus nicht in Worte fassen lasse.

Weiter: Der kritische Betrachter von heute könnte bemerken, dass sich dieser Zwiespalt zwischen dem zu Hörenden und dem zu Sagenden in einem befremdlichen Umgang mit Zeit äußere. Der Vortragende – dies das vielleicht auffälligste Merkmal seiner Rede – bleibt unentwegt an Einzelheiten, an ihm plötzlich wie neu auffallenden Zügen des erörterten Musikstücks hängen, wodurch der Redefluss unterbrochen wird. Dieser Vortrag wirkt deshalb wie ein von unvorhersehbaren Katarakten aufgepeitschter Strom. Die homogen ablaufende Zeit gerät aus den Fugen. Nichts ist mehr vorhersehbar. Kaum hat sich die Aufmerksamkeit des Sprechenden wie der ihm folgenden Hörenden an einer Stelle festgesaugt wird sie vom nächsten Moment fortgerissen. Eine Sprache, die diesen Umstürzen gerecht werden will, kommt unweigerlich ins Stammeln. Satzfetzen erzeugen eine sprachliche Trümmerlandschaft und reißen den Zuhörer in neue, überraschende Perspektiven, die sich nie zu einem Gesamtbild runden, das eine distanzierte Überschau entstehen ließe.

Welche Art von Zeitlichkeit, von Zeiterfahrung wird so entfesselt? Man kann an eine Formulierung des Phänomenologen Edmund Husserl denken, der in der Analyse von Erfahrungen des Gegenwärtigseins von der „Punktualität des Jetzt" schrieb. Das „Jetzt", das in Cretzschmars Vortrag unvermittelt aufbricht, ist nicht einzuschmelzen als Baustein in eine Kohärenz schaffende Interpretation. Dieses Jetzt wird nicht aufgesogen in ein zeitliches Kontinuum. „Kleinste Elemente der Wirklichkeit werden als Kraftfelder aufgeschlossen." Das Allgemeine „wird vor den Prüfstand des Besonderen gebracht und verblasst dabei" – diese von Bohrer zitierten (Bohrer 1981, S. 188) Formulierungen Adornos zur Charakterisierung von Prousts momentorientierter Zeiterfahrung treffen auch die Faszination durch das jäh Auftauchende und Abbrechende in Cretzschmars Vorträgen. Die „Punktualität des Jetzt" kann nach Husserl „niemals für sich sein" – was bedeutet, dass auch dieses momentan aufbrechende Jetzt umbrandet ist von Erinnerungen (bei Husserl „Retentionen") – es behält aber als das „jeweilig Jetzt" unserer Wahrnehmung eine „Priorität gegenüber den Retentionen" (Husserl, zitiert bei Bohrer 1981 S. 189). Wendell Cretzschmar, diese Figur Thomas Manns, so könnte man im Anschluss an diese phänomenologischen Versuche, sich der Erfahrung der jäh aufbrechenden Gegenwart zu nähern, formulieren – Wendell Cretzschmar ist in dem zitierten Vortrag zur Beethovens Sonate 111 dabei, sich dem „allerintimsten Bruchstück des Hier und Jetzt" (Bohrer zu Proust a.a.O., S. 188) als Wirklichkeitskern in Beethovens später Sonate zu nähern.

Sie wird nicht als Kulturdokument, gar als zu besitzende Kulturtrophäe vorgeführt und kommentiert. Sie erlaubt nicht mehr als immer erneut ansetzende und scheiternde Annäherungsversuche.

Kann das von einer Hochschuldidaktik überhaupt noch verstanden werden, die auf PowerPoint-Präsentationen vorgefertigter Überlegungen wie auf ein selbstverständliches zentrales Instrument der Lehre setzt? Was allenfalls als untergeordnetes Hilfsmittel zum Mitteilen unbezweifelbarer Richtigkeiten fungieren kann.

Es wäre gar nicht erstaunlich, dass dieser von Thomas Mann beschworene lehrende Umgang mit einem Kunstwerk als Extravaganz verstanden würde, die mit den realen Tatsachen des Lehrens und Lernens, mit den Tatsachen der Kulturweitergabe etwa in Schulen und Hochschulen nichts zu tun habe. Freilich: wenn Lehre als subjektneutrale und vorgeplant stufbare und technisch handhabbare Tätigkeit verstanden wird, sind die Cretzschmar'schen Erfahrungen nichts als private, peinliche und störende Hier- und Jetzt-Empfindungen, allenfalls tolerierbar in so wenig durchrationalisierbaren Bereichen wie den sogenannten „musischen Fächern", deren Anforderungen sich eh der strikten Leistungsmessung entziehen.

Diese Vorstellung vom Lehrer als sachdistanziertem Arrangeur bestimmter Lernvorgänge freilich widerspricht eine (im nächsten Abschnitt zitierte) Bemerkung eines nicht zu vergessenden Pädagogen und Physiklehrers des letzten Jahrhunderts. Seine auf Eigenerfahrung beruhenden Bemerkungen über das niemals souverän-erstarrende Verhältnis des Lehrers zu den ihm selbstverständlich längst bekannten Sachverhalten gemahnt an Wendell Cretzschmars immer neu ausbrechende Irritation durch die neu vorzutragenden Inhalte – die es bekannt zu machen gilt, ohne den Sog des immer wieder Unbekannten zu unterschlagen:

Beispiel 4: Stupende Naturphänomene

Über anfängliche Erfahrungen vor erstaunlichen Naturphänomenen, wie sie dem Lehrer durchzustehen aufgegeben bleibe, schreibt Martin Wagenschein: „Wer das FOUCAULT'sche

Pendel seine leise aber bestimmte Wendung nehmen, wer Stein und Flaum im luftleeren Raum (sc. etwa in einem herstellten Vakuum-Behälter) einträchtig niederstürzen, werden Kork unter Wasser bleiben sieht (weil er auf dem Boden lückenlos aufsitzt) und nicht etwas wie ein Erschrecken verspürt, ein Nicht-Glauben-Wollen, wer hier nicht dem Haaresträuben nahe ist und sogar bei jeder Wiederholung noch davon etwas wieder spürt, der kann wohl kaum durch das Physikalische in den Bildungsprozess hineingelockt werden." (Wagenschein 1962, S. 110)

Die auch in diesem Abschnitt vorausgesetzte Unterscheidung zwischen unterschiedlichen Arten der Wahrnehmung ist weiter ausgearbeitet und mit Beispielen konkretisiert in der Studie über „Wahrnehmungsdriften im Widerspiel" unter der Überschrift „Vom Bewältigen zum Gewärtigen" (Rumpf 2003, S. 228–260). Im Wissen zittert das Nicht-Wissen nach – was vor Augen liegt, ist unterminiert von dem Zweifel, ob das denn die Möglichkeit sein kann. In dem Kennenlernen meldet sich ein Gegenstrom – Niederschlag einer Erwartung, die aus der Bahn geworfen wird. Und die sich weigert, etwas einfach nur hinzunehmen und der Fall sein zu lassen.

Kapitel 7:
Natur-Wissen und Natur-Geheimnis –
Wie Naturforschung sich bei
Adolf Portmann darstellt

Erkenntnisse, die unser Wissen bilden, sind nicht fertig vom Himmel gefallen. Infolgedessen sind sie nicht angemessen zu verstehen, wenn nicht – in welchen Spuren auch immer – etwas in ihnen von den Wegen spürbar bleibt, auf denen sie dem Unbekannten (oder – was oft dasselbe bedeutet – dem Allzubekannten, dem für selbstverständlich Gehaltenen) abgerungen wurden. Wenn die damit verbundene Erstaunlichkeit bei der Weitergabe unterschlagen wird, schrumpfen Erkenntnisse zu neutralen Informationen, die nur mehr zur Kenntnis zu nehmen und zu geben sind. Sie geben nichts mehr zu denken – mit dem Rückstoss aus der rätselhaften Welt sind die Spielräume der Nachdenklichkeit für lernende Menschen abgekappt.

Die Art, wie der Biologe und Lebensforscher Adolf Portmann (1897–1982) das Wissen um das Lebendige in seinen Vorträgen und Veröffentlichungen darstellte, ist exemplarisch für einen Umgang mit Wissen, der dem Leser die Erschütterungen und Ungewissheiten der Annäherung nicht erspart. Er verzichtete aus Respekt vor dem Geheimnis des Lebens auf glättende Zurechtlegungen. Das ist an einigen Beispielen zu zeigen. Sie unterscheiden sich von dem, wie landläufigem Verständnis nach das Lehren das Lernen zu steuern hat – als möglichst erschütterungsfreies Geleit in verbriefte Wissens- und Könnensbestände.

Der sogenannte Zellstaat

Portmann schreibt (Portmann 1960, S. 29): „Vor mehr als einem Jahrhundert hat man erkannt, dass Pflanzen wie Tiere in ihrem feineren Aufbau eine übereinstimmende Struktur zeigen, die man nach den ältesten Beobachtungen an Pflanzen Zellen nannte." Man unterschied schließlich Vielzeller und Einzeller. Wie aber war dann das zu denken, was viele Zellen zu einer höheren Einheit zusammenbindet? – Diese Einheit wurde zunächst nach dem Modell der Arbeitsteilung in einer Menschengesellschaft gedacht. Wer oder was ist dann für die funktionierende Arbeitsteilung verantwortlich? Was sich in diese Leerstelle des offenen Nachdenkens hineinklinkte –auch aufgrund der sozialen Alltagserfahrungen – war die Idee des *Zellenstaates.* In die Zellen wurden Bürger eines arbeitsteilig funktionierenden Staates hineinphantasiert und mit diesem Denkbild entstand eine plausible und lange wirksame Scheinklarheit, die das weitere Nachdenken lähmte – und die zudem politisch wie pädagogisch einzusetzen war. Die sogenannte Natur zeigte es demnach den Menschen, dass und wie sich der einzelne Bürger dem Gesamtkörper des Staates gehorsam ein- und unterzuordnen hatte. Portmann schildert diese politisch hochbrisant gewordene „Anwendung" von Naturerkenntnissen drastisch (Portmann 1960, S. 29). Exemplarisch für die Art, wie der Autor diese lange für gültig gehaltene Gewissheit als Einbildung bewusst macht und sokratisch abräumt, ist der folgende Abschnitt:

„So selbstverständlich ist die Idee des Zellenstaates im Laufe der zweiten Hälfte des letzten Jahrhunderts (d. i. des neunzehnten) geworden, dass diese Auffassung für viele gar nicht mehr als eine ‚Ansicht', ein Deutungsversuch erschien, sondern als eine Wahrheit geglaubt wurde, eine in den vereinfachenden Darstellungen überhaupt nicht mehr bezweifelte ‚Tatsache'. *Der Versuch des Verstehens hat die nach wie vor befremdliche, unheimliche Wirklichkeit durch ein beruhigend klares Bild ersetzt."* (Portmann 1960, S. 28; Hervorhebung zugefügt H. R.) Die nach wie vor „befremdliche, unheimliche Wirklichkeit" wird in der vorliegenden Abhandlung in immer neuen Ansätzen mehr angepeilt als definitiv umschrieben – sie scheint sich der auf Merkmale und Kausalitäten fixierten Beschreibung weitgehend zu entziehen. „Nirgends wird hier (sc. in der frühesten Lebensphase eines Lebewesens) ein Organismus aus Zellen aufgebaut: eine plasmatische Einheit, die als solche während der gesamten Entwicklung bestehen bleibt, gliedert ‚sich selber' – das im mikroskopischen Bild Auffälligste an dieser Gliederung ist am Anfang die Vermehrung der Kerne." (Portmann 1960, S. 37)

Wie sieht diese Figur des Lehrens aus –wenn man die Darlegungen einmal als Belehrung des Lesers liest? Portmann führt seine Leser nicht umstandslos von einem Problem, einer offenen Frage schrittweise zur Lösung, zur Erklärung, zur Antwort. Die Drift seiner Darlegung liegt eher in einer Gegenrichtung: Seine Darlegung nimmt den Ausgang von einer zunächst sehr plausiblen und lange anerkannten Erklärung und führt zu deren Zersetzung – ein Denkweg, den man wohl in Anlehnung an Sokrates' Vorgehen sokratisch nennen könnte (vgl. Rumpf 1967). Man bekommt das vermeintlich feste Wissen aus den Händen geschlagen. Dem Leser wird zugemutet, sich einer „nach wie vor befremdlichen, unheimlichen Wirklichkeit" (welche die sich selbst ausdifferenzierenden Glieder der „plasmatischen Einheit" in der frühen Lebensphase eines Organismus sind) auszusetzen – sie hinzunehmen, ohne die Zuflucht bei beruhigenden Denkbildern zu nehmen, wie es das vom Zellenstaat war, der ja auch noch politische Alltagserfahrungen widerzuspiegeln und zu bestätigen schien. Womit Dissonanzen beseitigt schienen. Entscheidend wichtig: diese Dissonanzen und Befremdlichkeiten werden bei Portmann nicht in erster Linie aufgrund ästhetischer oder didaktischer oder lerntheoretischer Zusatzüberlegungen stark gemacht, sondern aufgrund von in der Forschung freigelegten Sachgesetzlichkeiten. Am Ende steht keine Problemlösung, sondern die Konfrontation mit einer „nach wie vor befremdlichen, unheimlichen Wirklichkeit". Da bleibt Widerständiges, das sich sperrt gegen die Subsumtion unter Klassifikationen oder unter Denkbilder, die Lernen als Problemlösen vorstellen.

Beschreibungen können Unbekanntheiten neutralisieren – durch die einschüchternde Macht des Faktischen

Portmann lenkt die Aufmerksamkeit auf ein einfaches Experiment mit Strudelwürmern, „die wir unter Steinen in unseren Bächen und Flüssen finden können und mit denen viel experimentiert wird. *„Wenn ich einen solchen Wurm quer in zwei Tei-*

le schneide, so entstehen aus diesen Teilstücken wieder ganze Würmer Das Vorderende baut sich einen neuen Hinterkörper, das Hinterende erzeugt einen neuen Kopf. Das Tier regeneriert, die Fähigkeit zu solcher Regeneration ist ein wichtiges Kennzeichen einfacher Lebensstufen. Nachdem die Wunde verschlossen worden ist, formt sich in lebhafter Zellvermehrung ein embryonales neues Vorderende. In kurzer Frist organisiert sich in dieser Zone ein völlig neues Gehirn und ein neues Augenpaar mit neuen Fühlern. Das Wurmstück baut sich selbst ein neues Führungssystem auf." (Portmann 1960, S. 61)

Dies lässt sich auf verschiedene Arten lesen. Eine Lesart fasst den Text als Tatsachenbericht auf – wie er sich auf der Wissenschafts-Report-Seite einer Zeitung finden mag. Er könnte in dieser Form auch in einem Biologie-Lehrbuch stehen, als Beleg für Regenerationskräfte des Lebendigen. Es handelt dann sich um die sachgerechte Übermittlung von Information über einen Tatbestand, der Aufmerksamkeit verdient. Der Leser nimmt zur Kenntnis, was Sache ist – und verwirklicht ein Verstehen, das die Abfolge von Zuständen und Handlungen als plausiblen Zusammenhangs auffasst (es handelt sich ja nicht um ein chaotisch wirkendes Nacheinander von Geschehnissen). Das Verstehen stößt sich dann ab von dem Einzelereignis und dämpft die vielleicht verwirrende, vielleicht Staunen machende Wucht des Besonderen. „Das kann doch nicht wahr sein", könnte ihm durch den Sinn gehen. Diese Irritation ist freilich fast unspürbar gemacht, wenn das Geschehnis als Information zur Illustration eines allgemeinen Zusammenhangs transformiert wird. Man nimmt nur noch zur Kenntnis – die gedankliche Verarbeitung lässt sich nicht aufstören von den schier unbegreiflichen Einzelheiten. Die Welt wird so gleich-gültig gemacht.

Was mit dieser Vergleichgültigung von Einzelheiten gemeint ist, wird deutlich aus der Lesart, die Portmann in seiner Betrachtung der Geschehnisse bei dieser Wurmzerschneidung und ihrer Folgen vorführt. Die Denktendenz richtet sich da auf das, was in der informativen Beschreibung unkenntlich wurde. Portmanns Aufmerksamkeit geht den Krebsgang zurück zu den überaus rätselhaften Phänomenen, die sich unter der in sich plausiblen Tatsacheninformation verbergen:

"Wir wollen überlegen: ich sagte eben, es organisiert sich ein neues Gehirn. Sind wir uns, wenn wir das so sagen oder anhören, der Ungeheuerlichkeit bewusst, die wir da aussprechen? Ich mahnte bereits, dass wir von einem Geheimnis reden, als wir sagten, der Organismus ‚durchgliedere sich selbst' in seiner Entwicklung. Ich muss noch einmal daran erinnern, wie erstaunlich auch diese Aussage ist, die wir eben machten. Wer ist ‚es', das da organisiert? Wer ist dieses ‚Selbst'? Das ‚sich' da ‚selber' ein Gehirn macht? Ein Gehirn, das dann später doch dazu bestimmt ist, den wieder heil und ganz gewordenen Wurm in seinem Alltagsleben zu lenken. Es ist gut, wenn wir uns von Zeit zu Zeit über dieses Geschehen im regenerierenden Lebewesen beugen und es auf das ernsteste bedenken. Nicht nur, weil wir dabei auch an alle die Heilungsprozesse mitdenken, von denen unser eigenes Dasein und Wohlergehen jeden Tag unseres Lebens abhängt; es geht darum, dass wir hier vor dem Geheimnis dieses Selbst stehen, das in jedem einzelnen Individuum, in jedem gesonderten Lebewesen wieder neu in einer besonderen Variante vor uns ist." (Portmann 1960, S. 61/62)

Informationstexte haben – auch von ihrer praktischen Funktion schleuniger und effizienter Tatsachenübermittlung her – die fatale Tendenz, mehr Klarheit und Eindeutigkeit zu suggerieren als sie bieten können. Man könnte den von Portmann vorgeführten Krebsgang auch als ein Aufrauhen des Textes verstehen – in seinen Formulierungen wird das Weggeglättete freigesetzt. Und ein anderes Verstehen bricht sich Bahn. Ein Verstehen, das schließlich auch auf größere Zusammenhänge ausgreift – das Einzelne wird auch hier zum Spiegel eines Zusammenhangs. Aber es erschließt sich der Haltung des Anschauens eines Geheimnisses – es handelt sich um das Wissen, das sich der Kontemplation schenken kann, ein Wissen anderen Typs als das Wissen, das auf Kausalitäten und Einordnungen unter Allgemeinbegriffe aus ist. Das Besondere birgt ein Geheimnis, ihm wird kein nutzbares Erklärungswissen abgewonnen. Bernhard Waldenfels hat immer wieder bewusst gemacht, dass es eine Kluft gibt, zwischen dem was uns in einem sinnlichen Widerfahrnis trifft und dem, was wir aktiv konstruierend daraus machen (vgl. das Kapitel „Vorgängiges Getroffensein" in Waldenfels 2002, S. 54–60). Die Information und das ihr entsprechende Verstehen – sie haben die Tendenz, diese Kluft zuzuschütten. Portmann scheut nicht vor der Aufmerksamkeit zurück, die in dieser Kluft verweilt, sich ihrer Fremdheit aussetzt. Und die Fragen, die sich in diesem „ernstesten Bedenken" aufdrängen, sind gewiss keine Forschungsfragen in dem Sinn, dass nun etwa nach chemischen Substanzen gefragt würde, deren Wirkung die Kausalitäten definitiv klären können würde. Es sind das Fragen des sinnierenden Verweilens vor Tatbeständen, die in ihrer Eigenart so rätselhaft und voll geheimen Sinns sind wie die Farben eines Schmetterlingsflügels (gerade wenn nachgewiesen ist, dass diese Farbspiele keine Überlebensfunktion haben – vgl. Portmann 1960, S. 148). Das sinnierende Verweilen und Betrachten ist zu unterscheiden von dem Nachdenken dessen, der ein Problem lösen oder ein Rätsel knacken will. Vieles spricht dafür, dass dieses sinnende Verweilen in Schulen, Hochschulen, Wissenschaftspublizistik, Erwachsenenbildung keinen Ort mehr hat – sei es durch die Jagd nach immer neuen Forschungsergebnissen, sei es durch die Gier nach „Natursensationen", die sich vermarkten lassen und den Nachwuchs in die Naturwissenschaft locken sollen (vgl. Flügge 1963; Rumpf 2004).

Wozu Formen, Farben, Gestalten in der Natur? Instrumente im Überlebenskampf oder mehr und anderes?

Portmann regt seine Leser an, sich ihrer alltäglichen Auffassung von Naturphänomenen bewusst zu werden („der Zellenstaat", „der zerschnittene Wurm regeneriert sich"), um sie dann in ein Nachdenken hineinzuziehen, in dem diese gewohnte Deutung zerfällt. So auch mit den Gestalten von Tieren und Pflanzen. Wozu dient beispielsweise die atemberaubende Vielfalt von Formen und Farben von Pflanzen, von Blumen? Für etwas muss sie doch gut sein, meint der Zeitgenosse in merkwürdigem Vertrauen auf die Vernunft in den Naturdingen. Keine Antwort liegt dem Menschen, der in der technisch überformten Zivilisation lebt, näher als die technisch-ökonomische: Die Formen und Farben dienen dann als Lockmittel für die Insekten, die die Pflanzen bestäuben und so zu ihrer Fortpflanzung, zur Erhaltung ihrer Art dienen. So wie wir im Alltag – wenn wir einen zunächst befremdlichen Gegenstand finden, dann zufrieden sind, wenn wir den Zweck etwa dieses merkwürdigen Eisenstücks durchschaut haben, so hat diese Erklärung der Funktion von Blütenpracht und Formvielfalt etwas Beruhigendes. Jedenfalls liegt keine Bedrohung durch Unheimlichkeiten vor. Portmann nimmt dieser plausiblen Alltagsgewissheit einiges von ihrer Selbstgewissheit: „In Wirklichkeit ist mit dem Nachweis des Zweckmäßigen in den Blütenstrukturen nur eine erste Bedeutung dieser Gebilde erschlossen. Das biologische Experiment zeigt, wie wenig für die Blütengäste schon genügt, um sie zum Besuch zu verführen: ein Stückchen farbigen Papiers wird ebenso eifrig angeflogen, wenn es Nahrung bietet, wie eine Orchideenblüte; ein Farbklecks mit ein wenig Futter ersetzt die schönste Blume. Die Formen aber dieser Blumen sind weit komplizierter als die dürftigen Dinge, die durch Auslese der Insekten hätten entstehen können. Die Rolle der Blumenbesucher für die Erhaltung der Pflanzen mag groß sein – ihre Mitarbeit bei der Schaffung der Blütenschönheit ist gering." (Portmann 1947, S. 14)

Der Erklärungszugriff, der sich die Gestalt der Blüte aus der Funktion fürs Überleben verständlich gemacht zu haben glaubt, greift ins Leere – er bringt allenfalls eine erste Näherung („Bedeutung"). In entsprechender Weise greifen auch die naheliegenden Deutungen von Hautmustern und Hautfärbungen von Tieren als Tarnmaßnahmen oder als Lockmittel für die Paarung zu kurz: „Der Typus aller dieser Erklärungsversuche ist sehr einheitlich. Sie sind dominiert von der Leitidee, dass die Selektion die lebenserhaltenden Vorgänge beeinflusst, dass also das erste Auftreten eines Musters mit irgendeinem für die Erhaltung des Individuums oder der Art wesentlichen Vorgang in Verbindung stehen muss." (Portmann 1960, S. 125) Portmann zeigt in aufwendiger Detaildarstellung, dass sich wesentliche Züge der Erscheinung – etwa im Farbenkleid der Jungforelle – sich nicht aus dem Erhaltungswert im Sinn der jetzt verbreiteten Auffassung vom Organismus herleiten lässt: „Das Farbenkleid der Forelle ist nicht vital und essentiell." (Portmann 1960, S. 127). „Man sucht nach einer lebenswichtigen Funktion und findet sie nicht." (Portmann 1960, S. 126) Durch solche und viele andere Detailanalysen kommt Portmann zu der Erkenntnis, dass Formen und Gestalten prinzipiell nicht ausschließlich oder vorwiegend aus der Funktionalität im Dienst der Lebenserhaltung zu erklären sind, sondern aus einer *genetisch angelegten eigenständigen Kraft, die auf Selbstdarstellung, auf Selbstausdruck in sinnliche Gestalt hinwirkt.* Wer die Entwicklung der Lebewesen auf technisch-funktionale Faktoren zurückführt, wer also als Bewegkräfte ausschließlich den Kampf ums Dasein, die Erhaltung der Art, das survival of the fittest oder die optimale Anpassung an die Lebensbedingungen ansetzt, macht sich blind für die von Portmann durch Forschung erkundete Dimension des Lebens, die auf *Erscheinung in der Gestalt drängt und die in einer für uns Menschen undurchdringlichen Innerlichkeit wurzelt.* „Die Bedeutung, die das technische Denken heute aus vielen guten Gründen in unserem Leben gewinnt, hat verheerende Auswirkungen auf unsere Naturansicht." (Portmann 1960, S. 74) Und er adressiert diese Kritik auch an die Adresse des Schulunterrichts: Dieses Zweckverstehen scheint leicht zu lehren, zu verstehen, zu kontrollieren: „Die Aufgabe der Schulung wird heute allzu oft auf die Darstellung der Erhaltungsapparatur reduziert. Die Salbeiblüte ist dann auf einmal nur noch ein Schauapparat mit einer raffinierten Schlagbaumeinrichtung, welche die Bestäubung durch Insekten sichert." (Portmann 1960, S. 219/220). Zusammenfassend formuliert Portmann diesen zentralen Gehalt seiner Forschungsergebnisse, die er in vielen Beispielen anschaulich belegt hat: „Weltbeziehung ist nicht nur auf Austausch von Stoffen angelegt, sondern auch auf Darstellung der Sonderart im Erscheinungsbild. Der größte Anteil der Formenfülle, die uns Botanik und Zoologie schildern, empfängt seine umfassende Deutung nicht von den elementaren erhaltenden Funktionen her, sondern zu allererst aus dem Faktum dieser Selbstdarstellung." (Portmann 1960, S. 218) Anders gesagt: Pflanzen und Tiere sind in wesentlichen Zügen verkannt, wenn sie nur als Verkörperungen der Lösung des Überlebensproblems der Art oder des Individuums aufgefasst werden. Und folglich greift auch eine Denkpsychologie ins Leere, die darauf fixiert ist, in der Natur vor wiegend Problemlösungen ausfindig zu machen. Pflanzen und Tiere werden diesem Blick mehr oder minder raffiniert konstruierte Apparate. Ihr apparativer Charakter ist aber nur eine Seite ihrer Existenz. Die andere Dimension erschließt sich dem verweilenden Anschauen, das sich von der Gestalt treffen und faszinieren lässt. Die Lehr- und Lernbedingungen für diese Zuwendung dürften sich nachhaltig unterscheiden von einem Lehren, das Pflanzen und Tiere vorwiegend oder ausschließlich als Apparate zur Selbsterhaltung ins Visier zu nehmen vorschreibt. Die Nähe dieser Aufmerksamkeit zu dem oben näher betrachteten Blick Portmanns auf das Gebaren des zerschnittenen Wurms, der das Nachdenken vor das Geheimnis des Lebens bringt, ist deutlich. Beide Male geht es darum, Gegebenheiten anschauend vor sich zu bringen und es vor ihnen auszuhalten – jedenfalls zeitweise darauf zu verzichten, durch schleunige Erklärungen oder Beschreibungen Abstand zu suchen und auf die Berührung zu verzichten, die im Anschauen hier und jetzt zustande kommen kann. Vielleicht ist die das Erscheinungsbild nachzeichnende (oder auch leiblich nachahmende!) Bewegung die angemessenste Form, sich auf die Erscheinung einzulassen und die Ausstrahlung von Farben und Formen gestaltend nachzuempfinden. Jedenfalls zwingt Portmann zu erneutem Nachdenken über das Verhältnis von Natur in der Naturforschung und Natur in der Erfahrung der Kunst.

Was sagt Portmann über die Lernerfahrungen, in denen sich die Erscheinung erschließt? Neben dem schönen Foto des Kopfes eines Waldkauzes stehen in einer Veröffentlichung Portmanns die Sätze: „Je mächtiger diese Innerlichkeit, desto größer ist das Ausmaß der Selbstdarstellung in der Erscheinung, um deren Ermittlung seit Jahren ein Teil meiner biologischen Arbeit bemüht ist. Der Blick in die großen Augen des Waldkauzes, das Versenken in die Ausdrucksmacht dieses Kopfes, mahnt uns daran, was das höhere Tierleben bedeutet." (Portmann 1973, S. 288/289) Dass das keine poetische Anwandlung eines ansonsten sachlichen Naturforschers ist, sondern dass darin die der Wirklichkeit angemessene Aufmerksamkeit sachhaltig artikuliert wird, gibt diesen Sätzen die erkenntnistheoretische wie pädagogische Brisanz. Denn man könnte – vom herkömmlichen Biologieverständnis aus – erwarten, dass es ganz andere Fragen sind, auf deren Klärung der aufmerksame Blick auf den Kopf des Waldkauzes aus ist: welche Familien- oder Gattungsmerkmale dieses Vogels lassen sich dingfest machen? Welche Züge weisen auf die Umweltbeziehungen des Vogels, auf seine Angepasstheit an seine

Umwelt hin? Solche Fragen unterziehen den Gegenstand einer „erkennungsdienstlichen oder verfügungsmächtigen Behandlung", wie man mit Martin Seel sagen könnte (Seel 2000, S. 91) – und sie vertreiben, wieder mit Seel gesprochen, den Erscheinungscharakter der Welt: „Wir können einen Gegenstand unter einem bestimmten Aspekt erfassen oder ihn in seinem Erscheinen begegnen lassen." (Seel 2000, S. 52)

Portmann wählt einen Begriff aus der auf Mystik bezogenen Denktradition alten Europa: Es geht um ein „Sich versenken". Wer es durch Üben gelernt hat, auch im Schweigen heimisch zu werden, zu warten, sich auf ein Gegenüber zu konzentrieren – wer es gelernt hat, Abschied zu nehmen von dem Vielerlei des Herumhüpfens zwischen Interessantheiten, wer also das gehetzte, gar elektronisch angeheizte Informationsbedürfnis jedenfalls zeitweise ruhen lassen kann, der mag in die Lage gekommen sein, sich in etwas *zu versenken*. Der Anklang an ein sinnliches Geschehen ist deutlich: Es geht darum, zeitweise wenigstens, vom Krampf der Selbstabgrenzung von den Dingen Abstand zu nehmen und in einem Gegenüber quasi zu versinken. So wird nicht die Verfügungsmacht über die Dinge gesteigert – aber die Anwesenheit in der umgebenden Welt gewinnt Intensität.

Adolf Portmann verweist in seiner wichtigen Basler Grundsatzrede „Naturwissenschaft und Humanismus" (Portmann 1960b) auf das mythische Weltbild und seine Welthaltigkeit mit großem Nachdruck. Ist dieses Weltbild nicht dasjenige, was zu überwinden die moderne Wissenschaft auf ihr Panier geschrieben hat? Und in dieser Basler Universitätsrede ist von Weltbeziehungen die Rede, die in keinem wissenschaftlichen Lehrbuch diskutabel sind. Portmann spricht von den geistigen Welten in mythisch gebundenen Gesellschaften – in der Zeit, „die dem großen Einbruch der Naturwissenschaft in die Lebensführung vorausging" (Portmann 1960b, S. 38). Woraus „schöpften die Menschengruppen die Kraft zu ihrer Lebensführung"? „*Sie leben alle von Bildern einer primären Welt* (wohlgemerkt: Einschub H. R.: sie leben nicht *IN*, sie leben *VON*) *Über der festgegründeten Erde wölbt sich der Himmel; die Sonne geht im Osten auf, und im Westen versinkt sie jeden Tag. Die Deutung der Naturdinge geschieht zuerst in dieser langen Frühzeit in einem traumnahen Analogiedenken, in dem rotes*

Blut und roter Wein geheimnisvoll verwandte Säfte sind, so wie Sonnenglanz und Gold sich rätselvoll entsprechen – ein fühlendes Denken, in dem das Weizenkorn in der Erde und sein Keimen zum Gleichnis von Tod und Auferstehung der Seele wird. Dieses primäre Denken geschieht in einem Gewebe von Imagination und Verstehen, das an allen großen Geisteswelten mitgestaltet hat, die heute auf Erden in Menschen am Werke sind. Alle geistigen Gehalte, die das Leben der Völker und die Vielfalt der Sprachen bestimmen, sie sind ausnahmslos geprägt von der Dominanz einer primären Weltsicht, die unvergänglichen Schätzen, aber auch mächtigen Irrtümern dauerhafte Form gegeben hat" (Portmann 1960b, S. 38). Was Portmann an mythischen Naturbildern fasziniert ist deren Sensibilität für jene Dimension der Natur, die nach dem Einbruch der Naturwissenschaften als nicht sachhaltig aus der Realitätserfahrung der Menschen ausgelöscht wurde – und die, bei allem Vorbehalt gegen ihre absoluten Ansprüche, eine unverzichtbare Weltbeziehung vergegenwärtigen kann.

Gegen Ende der Basler Rede zieht Portmann allgemeine Konsequenzen aus seiner Forschung, die neben dem Sachcharakter mit seinen funktionalen Beziehungen den Ausdrucks- und Erscheinungscharakter der Natur auch *als Gegenstand wissenschaftlicher Wirklichkeitserkenntnis* offengelegt hat:

„Eine der wesentlichsten Bedingungen, wenn ein neue Klima des geistigen Lebens aufkommen soll, ist die klare Anerkennung der zwei Arten der Weltsicht in ihrer vollen Bedeutung. Die besondere Aufgabe der Naturforschung, der Aufbau einer sekundären Welt in einem Wesen, das immer im primären Erleben wurzeln wird, stellt schwere Probleme der Erziehung … Menschen zu bilden, welche die Kraft haben, die zwei Weltsichten zusammenzufügen, durch die zu leben und zu wirken unser Geschick ist.
Das paradox Erscheinende muss gelingen: in einer Zeit, die mit höchster Anstrengung auf Leistungen der sekundären (d. i. wissenschafts- und technikförmigen, Ergänzung zugefügt. H. R.) Weltsicht hinarbeitet, in dieser technischen Zeit das so anders geartete primäre Welterleben recht aufblühen zu lassen." (Portmann 1960b, S. 45)

# Kapitel 8:
Eine Lernbiographie, die sich auf Widerfahrnisse einlässt
(Hans Reutimann)

Alexander von Humboldt schrieb in der Einleitung seines „Kosmos"-Werkes, das wichtigste Resultat des „sinnigen physischen Forschens" liege darin, „in der Mannigfaltigkeit die Einheit zu erkennen" und so „den rohen Stoff empirischer Anschauung gleichsam durch Ideen zu beherrschen". Damit ist auch die Leitlinie einer bestimmten Lernvorstellung umrissen – immer geht es da darum, von der sperrigen Erfahrung von Einzelheiten Abstand zu gewinnen, um Gemeinsamkeiten in Merkmalen und Abläufen herausfiltern zu können. Solche Tätigkeiten helfen, die unverlässliche Welt unter Kontrolle zu bringen. Dieser Zugriff findet auch bei Dewey starke Resonanz, wie gezeigt wurde: Der von Zufällen beherrschte Gefahrenschauplatz Welt erzwingt Vorsorge- und Kontrollmaßnahmen (Dewey 1995, S. 56/57).

Um so überraschender kann eine andere Dewey-Passage wirken, sie deutet komplementär eine Gegenrichtung an: Die Sicherungs- und Kontrollmaßnahmen durch allgemeine Regeln, die die Stöße des Unabsehbaren abdämpfen, – sie erhalten ein kontrapunktisches Gegengewicht: In jedem Objekt der Erfahrung finde sich, so Dewey, „etwas Unvorhersehbares, Spontanes, Unfassliches und Unsagbares" – und, diese kontingenten Momente in jedem Objekt werden nun nicht etwa als Material gedeutet, das Gesetzlichkeiten unterworfen und seiner störenden Brisanz entledigt werden müsse, um das Leben vor unabsehbaren Gefährdungen zu schützen. Das Allgemeine, das der Mannigfaltigkeit den Stachel nehmen könnte – dieses Allgemeine wird im Gegenteil geradezu als etwas gedacht, was in den Dienst der Erfahrung des Einmaligen, des „unvorhersehbar Spontanen" und des Unwiederbringlichen genommen werden könnte:

„*Das, was geschieht, ist niemals das, was im Denken geschieht; es ereignet sich kein Ding bloßer Röte, sondern irgendein Ding mit gerade dieser Schattierung und Färbung von Rot, mit genau diesem unwiederholbaren Inhalt. Infolgedessen findet sich in jedem vollendeten Objekt etwas Unvorhersehbares, Spontanes, Unfassliches und Unsagbares. Standardisierungen, Formeln, Generalisierungen, Prinzipien und Universalien haben ihren Sinn, aber der Sinn besteht darin, ein Mittel für bessere Annäherungen an das zu sein, was unwiederholbar ist.*" (Dewey 1995, S. 123) Im Original: „What actually happens is never just what happens in thought; the thing of mere redness does not happen, but some thing with just this shade and tinge of red, in just this unduplicable content. Thus something unpredictable, spontaneous, unformulable and ineffable is found in any terminal object. Standardizations, formulae, generalizations, principles, universals, have their place, but the place is that of being instrumental to better approximation to what is unique an unrepeatable." (Dewey, a.a.O., S. 117)

Eine Verkehrung der Hierarchie wird hier jedenfalls angemahnt: der Sinn des Algemeinen liegt demnach nicht mehr ausschließlich in der Neutralisierung des flüchtig Einmaligen, das zum beherrschbaren Fall umgedacht wird. Im Gegenteil: es wird zum Helfer, „zum Mittel für bessere Annäherungen an das, was unwiederholbar ist" (Dewey 1995, S. 123). Instrumente der Distanzierung werden Medien zur „besseren Annäherung", also zum Gegenteil von Distanzierung.

Welche Form des Umgangs mit der Welt, welche Spielart des Lernens könnte damit konkret gemeint sein? Allgemeine Umschreibungen helfen nicht weiter. Die leider fast unbekannt gebliebene Roman-Lernbiographie des Schweizer Schriftstellers Hans Reutimann (geboren 1923) präsentiert eine Fülle von Lebensstoff, an dem die von Dewey angepeilte Suche nach Annäherung an das „Unvorhersehbare, Spontane, Unfassliche und Unsagbare in jedem Objekt" nachvollziehbar wird: Reutimann beschreibt in singulärer Eindringlichkeit Szenen und Erfahrungen, in denen sich das unwiderruflich Einmalige in

Lernprozessen gehalten hat gegen die Tendenzen, das Besondere zum Fall einer Regel, zur Illustration für eine Klasse von Geschehnissen, zum Material für Erklärungen zu schrumpfen. Und also zu normalisieren.

Reutimann macht etwa bewusst, welcher Standardisierungskurs auf dem Weg über die Schule einem Kind in einem Schweizer Bauerndorf in der ersten Jahrhunderthälfte des 20. Jahrhunderts angesonnen oder aufgezwungen wurde – und welche der frühen Erfahrungen der dörflichen Lebenswelt zeitlebens auf Gegenkurs blieben. Reutimann bringt es fertig, diese Erfahrungskonflikte in einer Sprache zu vergegenwärtigen, die vor den wissenschaftsüblichen Auszehrungen liegt. Dies ist ein Werk, das in singulärer Weise die von der Phänomenologie gesuchte Zuwendung zu einer nicht vorschnell durch Ideenkleider verdeckten Lebenswelt dokumentiert.[1]

Die Qualität dieses autobiographisch getönten Buches rechtfertigt es, einige Erfahrungsdurchbrüche im Detail nachzuzeichnen. Immer geht es darum, einer versunkenen konkreten Lebenswelt und ihrer unvorhersehbaren Spontaneität zum Wort und zum Bewusstsein zu helfen – gegen den mainstream eines Lernens, das auf die Subsumtion des konkreten Widerfährnisses unter das Allgemeine aus ist. Die Sprache vergegenwärtigt im Gegenteil Unverwechselbarkeiten von Menschen, Tieren, Pflanzen, Räumen, Atmosphären. Der Leser sieht sich hineingezogen in ein Kennenlernen, das nicht feststellt und festschreibt. Die Kraft dieser Erfahrungen lässt sich auch kaum durch den allzu nahe liegenden Hinweis auf die Versunkenheit der Schweizer Dorfwelt von einst entschärfen Der Erfahrungskern dieses Lernschicksals ist nicht in soziokulturelle Bedingtheiten aufzulösen

Was Dewey in obigem Zitat theoretisch anpeilt – hier wird es greifbar: *Das Leben auf der unteren Wiese und das Lernen in dem kahlen Haus.*

---

1 Hans Reutimann: Bericht von der unteren Wiese oder Die Äpfel der Kindheit. Verlag Peter Meili, Schaffhausen 1993, 424 Seiten. (Leider nicht mehr im Handel erhältlich; ich habe Herrn Reutimann sehr zu danken für die Überlassung eines Exemplars des ansonsten verschollenen Werkes).

Über seine Kindheit in dem kleinen Schweizer Bauerndorf im ersten Drittel des 20. Jahrhunderts schreibt Reutimann: *„Wir lebten in einer benennbaren und benannten Welt. ‚Wie sagt man dem?' und ‚Wie heisst das?', fragte ich, und alles, selbst die Wegrandblumen und -kräuter, hatte einen Namen. Mit jedem Namen verband sich ein Ding, Ding und Name waren eins. Jedes Ding hatte ein Gesicht; es stieß ab oder es zog an, es weckte Furcht oder Zutrauen, Freude oder Vorsicht. Die Gesichter der Tiere, der Bäume der Kräuter und der Dinge waren so lebendig wie die der Menschen; es gab unter ihnen junge und alte, freundliche und abweisende und solche, die wenig sagten. Als nach Jahren das Baumpaar vor dem Haus verschwinden musste, weil seine ineinandergewachsenen Kronen und der zunehmende Verkehr dies nicht ertrug, starben zwei urvertraute Wesen, Philemon und Baukis, ... der Haufen Brennholz, zu dem sie zersägt und zerspalten wurden, grub sich mir ebenso ein wie die Erinnerung an weggeführte Tiere."* (Reutimann 1993, S. 46/47)

Die Namen wirken da nicht als Klassenbezeichnungen, mit deren Hilfe man Gegenstände sortiert und klassifiziert, – sie wirken wie Namen (oder besser: wie Aspekte) eines vertrauten, eines geliebten Wesens, sie schenken Nähe, kraft ihrer werden die Dinge ansprechbar, gewinnen ein Antlitz. Diese Sprache schafft keine abstrakte Distanz – sie birgt die täglich gelebte Nähe. Und so gespürte Dinge haben ein Schicksal – sie sind etwas anderes als auf Nutzbarkeit hin verwaltete und austauschbare Objekte: *„Ich hatte alles beseelt. Vielemale durchquerte ich täglich die verschiedenen Stimmungsräume. Es gab stark aufgeladene und andere Orte; neutrale Orte gab es nicht ..."* (Reutimann 1993, S. 47/48) *„Allem war ich ausgeliefert. Mein Stimmungsraum durchdrang die vielen fremden Räume und wurde von ihnen verändert. Den Verdünnungstrost der Abstraktion, das Wegschieben der Erlebnisse bis zur Überblickmöglichkeit kannte ich nicht."* (Reutimann 1993, S. 53)

Was passiert diesem Kind, wenn es von einem bestimmten Alter an jeden Morgen wie alle Kinder des Dorfes ein paar Häuser neben dem heimatlichen Bauernhof in jenes „kahle Haus" zu gehen hat – ein Haus, das „ohne Scheune, ohne Stall, ohne

Spatzengenist, geheimnislos" mitten im Dorf stand. Da setzt nun ein Lernen ein in der Gegenrichtung zu der seitherigen Form, mit der vertrauten Welt auf Du und Du zu leben. Unvergesslich sind die Schilderungen dieser Schulpremiere bei Reutimann, ihre phänomenologische Kraft legt auf exemplarische Weise frei, was als primäre und sekundäre Weltsicht in der Menschenforschung thematisiert wird – die Spannung zwischen Erlebnis und Struktur wird angelegt:

"Manchmal durften wir von der Fülle, aus der wir kamen, erzählen. Nur wirkte es immer etwas entmutigend, wie der Lehrer mit dem, was wir hervorsprudelten, umging. Es zeigte sich, dass er die Hauptsache nicht begriff. Was ich oder die anderen erzählten, schien ihm irgendwie nicht zu genügen; seiner Meinung nach war es ergänzungsbedürftig. Er packte es wie die Katze ihr verlaufenes Junges am Genick, trug es in ein Körbchen, in dem schon viele ähnliche Erlebnisse lagen, und verglich sie miteinander.
Ich berichtete von Prinz, unserem Hund; kein Kind im Dorf hätte ihn mit einem andern Hund verwechselt. Ich erzählte von Hektor, unserm alternden Pferd, das wir liebten und für etwas Besonderes hielten; es gab kein zweites solches Pferd. Der Lehrer hörte es sich abwartend und, seiner Vielklassenschule wegen, immer mit etwas angespannter Geduld an und schien froh zu sein, wenn ich fertig war. Er horchte etwas Bestimmtes heraus; er wartete darauf, und wenn wir fertig waren, hob er es mit zwei Fingern hoch, zeigte es uns und fügte es einem Lebewesen zu, das einfach ‚das Pferd' hiess. Er nahm meinem Erlebnis das Eigentliche, das, was mich gedrängt hatte, davon zu erzählen, und legte es zu anderem, das er für ähnlich hielt. Auch Hektor büsste dabei ein; er verlor das, was aus ihm Hektor machte, und er tat mir leid.
Obwohl der Lehrer keinen Hund, kein Pferd, nicht eine einzige Kuh und nie ein neugeborenes Kälbchen besass, wusste er von ihnen allen etwas, das offenbar wichtiger war als unser einmaliges Erlebnis. Er schien viele Hunde, Dutzende von Pferden, und unzählige Kälbchen, vor allem aber den *Hund,* das *Pferd und* das *Kälbchen zu kennen; er wusste Allgemeines, auf das es offenbar ankam und das für alle ein wenig und für keines ganz galt. Indem er unser Erlebnis in ein Abteil legte, das anscheinend darauf gewartet hatte, es zu empfangen,*

stellte er sich darüber. Er verwaltete es sozusagen. Dabei hatte er es gar nicht verstanden; er hatte es nicht wirklich zu sich eingelassen. Wir hatten etwas erlebt; es war uns etwas widerfahren; es hatte sich in uns eingeprägt und würde nach Jahrzehnten wieder da sein." (Reutimann 1993, S. 59/60)

Der Autor erzählt eine ihm unvergesslich gebliebene Szene: Hektor, das Pferd, zupfte einmal mit seinen geräumigen, beweglichen Lippen den Götti (Reutimanns Onkel, bei dem er aufwuchs) am Ärmel der Bluse und „zeigte ihm, dass seine Raufe leer war ... Für mich war es herzaufstörend, einmalig, hektorhaft zart und verschmitzt." (S. 61) – Was macht der Lehrer im kahlen Haus aus einem solchen einmaligen Erlebnis eines Kindes? Er macht es zum Sonderfall eines Allgemeinen: *„Im Griff des Lehrers verlor mein Erlebnis all seine Farbe. Es war nun schemenhaft blass und wurde ins Körbchen „das kluge Pferd" abgelegt. Dort lag es neben anderen klugen Pferden, die trotz eingeschlafenen oder schwerbetrunkenen Fuhrleuten den Heimweg gefunden oder durch viele Besitzerhände gegangen waren und dann doch ihren alten Herrn wiedererkannt hatten. Von Hektor blieb dabei nichts übrig. Seltsam beraubt stand er im Stall."* (Reutimann 1993, S. 61)

Von einer gegenläufigen Position aus hätte Reutimann diese Art, Erlebnisse lehrend auf Kurs zu bringen auch anders beleuchten können – und wäre damit in der Spur einer europäischen Denk- und Schultradition geblieben, die dem Allgemeinen einen höheren Realitätswert zubilligt als dem Einmaligen und Zufälligen. In dieser Perspektive wäre Hektors Gebaren aufgewertet worden, als Aufschimmern eines Allgemeinen, als Beispiel dessen etwa, wozu auch Tiere imstande sind. Dann wäre Hektor im helleren Licht der Idee erschienen, aus seiner zufälligen Provinzialität befreit. Und in diesem Traditionsstrom liegt die Praxis des zitierten Lehrers. Er bringt seine Schüler dazu, loszukommen von dem Kleben an einmaligen, situationsgebundenen Erlebnissen.

Nicht so Reutimann: *„Das meiste, was wir in der Schule erzählten, wurde diesem oder einem ähnlichen Entfärbungsvorgang unterworfen. Es schien im kahlen Haus nicht möglich, ein Erlebnis einfach anzuhören, in sich aufzunehmen und zu beschweigen."* (Reutimann 1993, S. 62)

In mehreren Spielarten dieses autobiographisch getönten Romans bricht die Diskrepanz zwischen dem primären szenisch und schicksalhaft geprägten Erleben und den standardisierten gesellschaftlich begünstigten Strukturierungen auf – zwischen dem Erleben und dem Bereden. Was hier „Entfärbungsvorgang" heißt, taucht in einer späteren Lebensphase bei der Konfrontation mit einem sozialkritischen Roman zum spanischen Bürgerkrieg in anderer Form auf:

„Ich hatte noch nicht zurückgelehnt lesen gelernt; jedes Buch riss mich in sich hinein. Ich hatte keine Ahnung davon, dass man Fachausdrücke als Eindrucksdämpfer einsetzen kann und dass ein ganzer Berufsstand davon lebt, dass er Werke, die nicht seinetwegen und für ihn geschaffen worden sind, mittels Fachausdrücken verwaltbar macht." (Reutimann 1993, S. 201)

Nun ist zu den Entfärbungsvorgängen in der Schule zu bemerken, dass der Autor in seiner Erinnerung durchaus betont, dass diese Belehrungen ihm auch viel gebracht haben –bei allen Vorbehalten gegen die Lehrereingriffe, er konnte nicht genug von dem Neuen und Unbekannten mitbekommen, was es da zu lernen gab in Bereichen jenseits dessen, was in der Dorfwelt sinnlich zu spüren war: *„Was aber dort auch geschehen mochte, ich ging gern zur Schule .Mich fesselte, wie sich eines aus dem andern ergab ... Wir gingen auf wunderbar vorgebahnten Wegen ... Die Schule war der Ort, wo man etwas hinzugewann, indem man etwas anderes verlor. Der Zugewinn war von Lob und von Noten begleitet, der Verlust geschah unvermerkt ... Weil das Verlorene aber immer noch um mich blieb, nahm ich den Vorgang nicht recht wahr. Es gab eben zwei Welten: die durch und durch wirkliche und jene der Schatten, Umrisse und Ersatzzeichen, die zurückblieben, wenn das Wirkliche auf der Wandtafel verdampfte."* (Reutimann 1993, S. 63)

In dieser frühen Lebensphase hat der Konflikt zwischen den beiden Welten – so deutlich und teilweise schmerzhaft er auch wahrgenommen wird – noch viele Züge, die für den geweckten Jungen das Leben bereichern. Es hat den Anschein, dass es gerade die „Entfärbungsvorgänge" sind, die die bunte Lebenswelt in ihrer Andersartigkeit und Eigenqualität bewusst werden lassen: Er spürt jetzt bewusst, was er an Hektor, an Prinz, an den konkreten Stimmungsräumen hat und hatte – gerade wenn sich die Lehrerworte davon abstoßen und eine andere, eine distanzierte Wahrnehmung anbahnen.

Besonders drastisch unter die Haut geht die Diskrepanz der beiden Welten, wenn es ans Zählen geht. Die Kinder bringen jeden Tag „ihren" Schulapfel mit, er liegt vor ihnen auf der Bank: *„Jeder von ihnen war eine unverwechselbare Persönlichkeit, ein Charakter. Wir verglichen sie miteinander, wenn wir sie am Morgen oben in die Querrinne des Pultes legten. Da lag nun also vor meinem Banknachbarn ein Bohnapfel, fadfarbig grün, mit noch straffer Haut, vor mir der Boskoop goldbraunrostig und runzlig. Auch ihr Inneres kannten wir zum Voraus; knackig frisch war der eine, säuerlich würzig der andere. Der Lehrer ergriff nun den einen und sagte: ‚Ein Apfel.' Das stimmte natürlich, aber nur so ungefähr; er hätte Bohnapfel sagen müssen. Nun fasste er den andern und sagte: ‚Und ein Apfel.' Aber das war ebenso ungenau; er hielt einen Boskoop, nichts anderes, erkennbar an Form und Farbe, keines von uns hätte ihn verwechselt. ‚Gibt zwei Äpfel', fuhr der Lehrer weiter fort (oder ließ er uns vermuten), denn nun lagen die beiden beieinander. Diese Rechnung stimmte nur für jenen Teil in mir, der nicht als begriffsstutzig erscheinen wollte und der bald einmal bereit sein würde zu glauben statt zu sehen ..."* (Reutimann 1993, S. 55/56) Der Junge hat hingegen große Freude an reinen Zahlen, an ihrer Kombinierbarkeit und Variierbarkeit – die Beziehung dieser faszinierenden Gedankendinge auf die erfahrbare sinnliche Welt empfindet er als Mogelei und Befleckung. Und fasst dann seine Reserve gegen diese Art, mit der Welt umzugehen in eine Formulierung, über die noch im Ernst nachzudenken jedem schwerfällt, dem die quantifizierte Welt zur baren Selbstverständlichkeit geworden ist: *„Die Zahlen standen für irgendwelche Dinge. Damit die Dinge dazu taugten, durch Zahlen ersetzt zu werden, musste man ihnen ihr eigentliches Wesen abstreifen, ihnen das, weswegen sie da waren, ihre Unverwechselbarkeit, rauben. Denn zweifellos waren sie nicht erschienen, um addierbar zu werden, sondern um unaddierbar einmalig und unverwechselbar zu sein und zu bleiben. Zumindest war dies unsere Grunderfahrung in der prallvollen Welt, aus der wir ins Schulhaus aufgeboten wurden."* (Reutimann 1993, S. 57)

Der Untertitel von Reutimanns Buch heißt „... die Äpfel der Kindheit". Sie stehen also exemplarisch für das, was aus diesen Äpfeln im Zug der Unterwerfung unter die Zahlen geworden ist – sie verblassen zu zählbaren, zu antlitzlosen Objekten. Aus Individuen wurden Exemplare. Das ging nicht ohne eine gewisse Gewaltsamkeit. Kaum ein Erwachsener spürt das noch. Die Zählbarkeit hat die Lebenswelt fest im Griff. Und entschärft den Konflikt um die „Äpfel der Kindheit".

Die Biographie dieses Jungen führt in neue Erfahrungsfelder. Selbstverständlich bringt ihn die weitere Schulausbildung in eine Welt, in der die Zählbarkeit zur lebensnotwendigen Routine geworden ist. Allerdings: Die anfangs auch als bereichernd empfundene Diskrepanz der beiden Welten nimmt im Zug der fortlaufenden Darstellung immer schärfere und belastendere Züge an. In immer neuen Variationen werden die Realitätsverluste, die durch aufgenötigte Standardisierungen entstehen, namhaft gemacht – und damit treten die von Dewey in obigem Zitat angemahnten Erfahrungen des Zufälligen, des Spontanen und unplanbar Einmaligem immer nachhaltiger ins Bewusstsein des Autors und seines Lesers. Bis er sich schließlich selbst einer Lehrerausbildung unterzieht und eine Schule mitrealisiert, deren Entfernung von der Lebenswelt ihm immer nachhaltiger kritisch bewusst geworden war.

Nachbeben – Erschütterungen, in denen „die untere Wiese" präsent bleibt

Er kann nicht vergessen, was die Erfahrungen der „unteren Wiese" an Intensität und Gegenwart seinem leibhaften Erleben eingeschrieben haben, es taucht in unterschiedlichen Lebenssituationen wieder auf. Er gewahrt „Entfärbungstendenzen" – und das stachelt immer wieder zu einer gewissen Revolte, jedenfalls zu einem Einspruch an. Hier einige Beispiele – sie stehen dafür, dass der Konflikt der beiden Welten nicht widerstandslos zugunsten des abstrakt Allgemeinen, des Vorgeschriebenen und nur noch Hinzunehmenden entschieden wird (wie es doch wohl der normalen Lernbiographie des westlich Zivilisierten entspricht). In diesen Erschütterungen passiert wohl das, was Dewey mit den „Annäherungen an das, was unwiederholbar ist" gemeint haben könnte. In ihnen wird die stillschweigende Vorherrschaft einer bestimmten Idee vom Lernen als Entkräften des Besonderen durch das als überlegen verbriefte Allgemeine angetastet. Die Suche nach anderen Prioritäten regt sich. Wie?

Herr Baumann – eine Biographie außerhalb des Schulgeheges

Ein starker Eindruck war die Begegnung mit einem Herrn Baumann, er wohnte im oberen Stock des Gärtnerhauses, in dem der junge Reutimann – das Geld für eine weiterführende Schulausbildung hatte nicht gereicht – seine Gärtnerlehre nicht eben zufrieden mit seinem Tun absolvieren musste. Baumann war tätig als Übersetzer von Patentschriften – nachdem er einige Zeit als Waldarbeiter in Kanada gelebt hatte, aus dem Gymnasium war er aufgrund der „Tiefschlagnoten eines Deutschlehrers" (S. 193) hinausgeworfen worden. Für den jungen Gärtnerlehrling eine aufstörende Begegnung – da arbeitete jemand als Übersetzer ohne eine brave Schulkarriere, er hatte sich eine Spezialsprache in der Fremdsprache angeeignet, viel technisches Spezialwissen hatte er als Waldarbeiter gelernt: Reutimann bedenkt seine Eindrücke und Gefühle anlässlich dieser Zufallsbekanntschaft:

„Die einen werden von den Erfahrungen im Schulgehege geprägt. Sie haben dort alles Einmalige, unverwechselbar Geartete vernachlässigen, sie haben abstrahieren und das Abstrakte herummanövrieren gelernt. Darauf bauen sie nun ihr Lebensgeschäft. Die unaddierbaren Äpfel der Kindheit sind vergessen. Unverwechselbarkeit stört; was Einmaligkeit beansprucht, verwirrt. Erst wenn man das, was sie gerade ausmacht und weswegen sie da sind, von den Einzelwesen abstreift und die Überbleibsel für das Wichtige ausgibt, werden sie manövrierbar.
Der junge Baumann war für diese Art Schule nicht ausreichend geeignet gewesen. Schon damals, als sie ihn noch duldete, hatte er sich ein Reservat gehalten, einen Glaskubus voll Wasser mit ein paar Pflanzen und Fischen darin; den Fischen gab er Namen, damit sie in keinem Sammelbegriff aufgehen

konnten. In den Wäldern war jeder Baum von allen anderen verschieden. Man musste ihn so angehen, wie sein Wuchs und sein Standort es nahe legte." (Reutimann 1993, S. 195)

Die Musterkühe und das Musterdorf in der Schweizer Landesausstellung 1939

Das ganze Land strömte: „Im Hauptbahnhof entleerten sich Sonderzüge. Trachtenleute, Musikvereine, Abordnungen von Kantonen zogen unter Fahnen zum Festgelände am See. Je mehr der Horizont sich verdüsterte (der drohenden Kriegsgefahr wegen), um so mehr begriff man die Ausstellung als eine Art Wallfahrtsort. Jeder Schweizer sollte sie sehen und seinen Mut daran aufrichten." (Reutimann 1993, S. 254)

Ein Musterdorf war aufgebaut – mit Mustervieh und Musterställen: *„Alles an ihm war vorbildlich schmuck. Die Balken der Riegelhäuser waren mit der Säge zugeschnitten, zu geometrischen Mustern von entgeisternder Einförmigkeit zusammengefügt und blutrot gestrichen. Die Geranien vor den Fenstern waren ebenmässig mastig; kein angegilbtes Blatt brach ihre strotzende Leuchtkraft. Das Mustervieh war ebenfalls makellos und ohne Widerstand addierbar; die Lebensbestimmung jedes Tiers bestand nicht mehr darin, etwas Einmaliges, Unwiederbringliches zu sein, sondern sich einer Idealvorstellung zu nähern, womöglich darin aufzugehen. Dasselbe galt für die ausgestellten Früchte und Gemüse."* (Reutimann 1993, S. 256)

Man mag angesichts dieser Verherrlichung der Einmaligkeiten schon fragen, ob dem Autor der Sinn für die Realitäten vollkommen abhanden gekommen sei – dafür also, dass Normen und Ideale sein müssen, um das praktische Handeln zu orientieren, zu stabilisieren und vergleichbar zu machen. Was sollen da Tiere und Pflanzen mit dem Recht auf individuelle Selbstdarstellung? Handelt es sich um die Schwärmerei von jemand, der von seiner Kindheit nicht auf den vorgezeichneten Pfaden der richtigen kognitiven Entwicklung losgekommen ist?

Reutimann stellt sich in der Darstellung seiner Erinnerung an den Besuch dieser Zürcher Ausstellung dieser kritischen Rückfrage. Und er bringt die Erfahrungen (nicht die theoretischen Begründungen!) zur Sprache, auf die sich sein Abscheu vor diesem Musterdorf mit seinem Mustervieh stützt. Und dabei schlägt die Virulenz der frühen Erfahrungen der unteren Wiese nachhaltig durch. Diese Erfahrungen sind nicht zu widerlegen – sie existieren. Und sie geben der oben skizzierten Deweyschen These von der möglichen Dominanz des Besonderen, des unvorhersehbar Spontanen einen realistischen Boden.

Reutimann schreibt über das, was in ihm hochkam, als er sich auf dieser landesweit gerühmten Ausstellung umsah: *„Ich trieb mich herum und fühlte mich fremd. Das war nicht meine Dorfwelt, meine fruchtbare Mulde voller Unverwechselbarkeiten. Die Äpfel der Kindheit gediehen hier nicht. Unser Stall war nicht pflegeleicht; das Vieh musste sich nicht auf einen gerillten Klickerboden legen, den man am Morgen mit einem Schlauch abspritzen konnte. Bei uns standen die Kühe auf Stroh. An Winterabenden schüttete man es kniehoch auf. Der Raum war etwas eng; die Leiber berührten einander; die Luft dampfte feuchtwarm, die Fensterscheiben schwitzten. Da lagerten keine auswechselbaren Hochzuchtprodukte, da schnauften schwer und zufrieden unsere Mitbewohner, hoben Häupter voll sanfter Persönlichkeit und gehörten zu uns. Sie waren nützlich, sie gaben Milch, sie warfen Kälber; aber sie wurden als Einzelwesen geachtet, und sie hatten es, nach unserem Verständnis, bei uns auch gut. Während draußen die Kälte wimmerte und die Frostnacht um sich biss, waren sie in ihrem Strohbett ebenso geborgen wie wir unter unseren hochgewölbten Federdecken."* (Reutimann 1992, S. 256/257)

Wie im kahlen Haus der Schule prallen zwei Welten aufeinander. Und merkwürdigerweise wirkt die komfortable und gut geplante Ausstellungswelt im Kontrast zur unteren Wiese hohl. Sie täuscht Leben nur vor.

Es ist also nicht so, dass die künstliche Ausstellungswelt die Welt der unteren Wiese beschädigte oder gar verdrängte – ganz im Gegenteil: Was und wie diese untere Wiese wirklich war, kommt angesichts ihrer phantomartigen Gegenwelt erst nachhaltig zum Bewusstsein.

Konfrontation mit Menschenwelten – ein erschlagender Roman

Die Erfahrungsmitgift der unteren Wiese kommt natürlich auch ins Spiel bei der Begegnung mit Menschenwelten, wie sie in Romanen und anderen literarischen Darstellungen erscheinen. Der zitierte Herr Baumann leiht dem literarisch unbedarften Gärtnerlehrling den Roman „Die Scholle" von Vicente Blasco Ibanez – und stürzt ihn damit in eine böse Krise: dem Jungen gehen alle Distanzierungsinstrumente des aufgeklärt Gebildeten ab – er sieht sich, ohne „Eindrucksdämpfer" einer brutalen sozialkritisch zugespitzten Handlung im spanischen Bürgerkrieg ausgeliefert, fühlt sich „bedroht, verletzt, in die Enge getrieben" wie in den Schreckträumen der Kindheit: *„Ich sah nur die Geschichte, und sie stieß mich ab, weil sie so fugenlos bös war."* Und in dieser Krise besinnt sich der Junge auf die Ressourcen, aus denen er lebt: *„Mein Dorf war meine Lebensmitgift. Ich wollte in einer zugänglichen Welt leben, gleichgültig, ob sie von sich aus so war oder ob ich sie mit meinen eigenen Mitteln so geschaffen hatte."* (Reutimann 1993, S. 202) Dieser Roman forderte Unterwerfung, er bot keine Ritzen, Brüche, Leerstellen, an denen die Lebensmitgift sich hätte einbringen können. Und angesichts dieser Erstickungsgefahr durch die niet- und nagelfest geschlossene Darstellung besinnt sich der Junge, bzw. der sich erinnernde Autor auf einen Erfahrungsstoff aus der „unteren Wiese", einen Erfahrungsstoff, der in ihm das freisetzt, was der Roman blockiert: eine sich einfühlende Erinnerung, die das Fremde nicht verleugnet – die aber doch Landeplätze für die eigene Wahrnehmung offen lässt. Es geht darum, den überwältigend bösen Widerfahrnissen durch eine erinnerte Geschichte etwas beizumischen, was sie assimilierbar macht:

„Im Nachbarhaus wohnten drei vor sich hinalternde Geschwister, zwei Männer und eine Frau." (Reutimann 1993, S. 203) Und in wenigen Sätzen taucht das auf, was von diesem Nachbarleben ins Bewusstsein des Jungen gedrungen war: Sie stritten häufig, gingen stumm hintereinander aufs Feld, starben nacheinander. Von der schließlich übrig gebliebenen Schwester heißt es: „Sie ging den müden Gang freudloser Gewohnheit." (S. 205) *„Das waren also unsere Nachbarn.*

Wir sahen sie jeden Tag; aber wir kannten sie nicht wirklich."
(Reutimann 1993, S. 204)

Da prallt eine Geschichte des gnadenlos Bösen zwischen Menschen ans Bewusstsein des Sechzehnjährigen, er droht zu erstarren, er sieht sich ausgeliefert – und er sucht nach einer Art Rettungsanker – und findet ihn in der Erinnerung an drei alte unscheinbare Nachbarsleute. Sie sich zu vergegenwärtigen hilft ihm zu eigener Regsamkeit. Nicht dass er nun zu einem souveränen Versteher und Beurteiler würde – aber er und seine Lebensmitgift können sich regen. Und die Mitgift der unteren Wiese bietet das Reservoir, aus dem er schöpfen kann, die erstickende Stummheit zu überwinden. Das fugenlose Praxisgefüge des Romans hat nicht mehr das letzte Wort.

Mit Sven Nagbol, aus der Schule des Psychoanalytikers Alfred Lorenzer, lässt sich dieses dramatische Lerngeschehen anlässlich des Romans von Blasco Ibanez so interpretieren.

„Das Wechselspiel zwischen individuellen Lebensentwürfen und gesellschaftlichem Praxisgefüge (sc. das der fugenlos ablaufenden Roman abschnürt) ist (sc. nach der ersten „wehrlosen" Lektüre) *zu einem rigiden Verhaltenszwang eingefroren."* (In: König, Lorenzer, Hrsg. 1981, S. 372) Nunmehr, in der Vergegenwärtigung der Geschichte des unbekannt-bekannten Lebens der drei Nachbarsleute, wird es möglich, „freie Synthesen zwischen sinnlich unmittelbaren Emotionen" und der zunächst fugenlos überwältigenden Inhaltlichkeit des Romans zu bilden. Einfacher gesagt: Die Vergegenwärtigung der Nachbargeschichte befreit vom Eindruck des Erschlagenseins (Reutimann spricht von Erstickung).

In dem nun zitierten Abschnitt gibt Reutimann eine triftige Darstellung dieser Vorgänge, die ja auch in der subjekt- und leserorientierten Literaturwissenschaft angepeilt wurden: Was passiert, wenn das Fremde eines Textes und das Fremde in einem Leser aufeinander ansprechen, in ein Widerspiel geraten? Welches Verstehen wird möglich? Ein Verstehen, welches kein Vereinnahmen ist, sondern welches das Widerspiel zwischen bekannt und unbekannt bewusst lebendig hält: *„Ich selber vereinnahmte unsere Nachbarn auf meine Weise. Aber etwas in mir schlug sich auf ihre unverstandene Seite, auf die*

Seite jenes Schwerfassbaren in uns allen, das sich lebenslang mit seiner inneren Mitgift herumschlägt, als wäre sie doch nicht ganz und gar mit uns selber gleichzusetzen, als erschöpften wir uns in ihr nicht, als wäre sie nur die innerste Hülle des uns Auferlegten. Das war schwer auszusprechen; aber es würde mich begleiten. Wo immer auch Menschen von wem immer allzu genau verstanden wurden, wo allzu genau gewusst wurde, wie jemand „wirklich" war, lehnte sich etwas in mir auf die Gegenseite, dorthin, wo ich das unaussprechbar Verhüllte wusste. Das Schlimmste, was uns zustoßen könnte, wäre die Durchschaubarkeit ohne Rest; sie wäre der Stillstand, der Tod. Das gilt auch für die Welt." (Reutimann 1993, S. 206/207)

Der „Grüne Heinrich" und das Ehepaar Schaub

Ganz ähnlich entwickelt sich die Auseinandersetzung mit Gottfried Kellers „Grünem Heinrich" in einer späteren Lebensphase. Reutimann fühlt sich da einer „farbensatten Sonntagswelt" (S. 308) konfrontiert. – Kellers Zürich wirkt ihm „hinterhaltlos übersichtlich und spröd" (S. 306). Und das Beben der „unteren Wiese" wird spürbar, wenn Reutimann moniert: „Satz um Satz, Bild um Bild fügte sich zu einer verlässlich vorstellbaren Welt. Nie wurde mehr gesagt als zu sagen war. Es gab keine Verschwommenheiten, keine Ritzen für die Phantasie; nirgends konnte sie ins fremde Geflecht ihr eigenes einnisten. Einiges blieb mir trotz seiner Klarheit uneinfühlbar fremd." (S. 306) Kellers früheste Erlebnisse waren statische Bilder ... „Ich selber war in eine tönende, lichtflimmernde Welt hineinerwacht, in Schwalbengezwitscher und Hühnergeplauder, in den Lärm der aufsteigenden Sonne, unterm Vordach hinterm Haus" (Reutimann 1993, S. 306). Die Kellergestalten waren „eindrücklich würdig und ganz" (S. 309). „Hier gab es keine abgenützten Gestalten." (S. 309) Im Dorf des Grünen Heinrich „gab es auch keine Werktagstiere" (S. 310). „Andauernd fuhren volle Wagen in die Scheune; wie sie beladen wurden, erfuhr man nicht." (S. 309)

Wieder kommt das Aufeinanderprallen der zwei Welten ins Spiel, das im kahlen Haus der Kinderschule zum ersten Mal passiert war und das den Heranwachsenden immer wieder heimsuchte – ob anlässlich der schrägen Biographie von Herrn

Baumann, anlässlich der Landesausstellung mit dem Musterdorf, anlässlich der Auseinandersetzung mit einem naturalistischen sozialkritischen Roman – auch die anerkannte hohe Literatur von „Faust" bis zum „Grünen Heinrich" wird schließlich zur befremdlichen und kalten Größe aus der „anderen" Welt. Das Leben der „unteren Wiese" tritt diesen Klarheitswelten robust und entschieden entgegen. Es lässt sich nicht einschüchtern oder klein machen.

Auch in der (später etwas versöhnlich abgemilderten) Auseinandersetzung mit dem Landsmann Gottfried Keller taucht als Widerpart ein unscheinbares Lebensdrama von der unteren Wiese auf – nicht etwa als blasses Phantom gegenüber dem imposanten Zürich mit seinem eindrucksvollem Personal: *„In diesem Bilderbuch vollausgebildeter Gestalten gab es kein Ehepaar Schaub; das gab es nur in meinem eigenen Dorf. Die Schaubs, das waren zwei alte Leute, beide klein und gleich unvorstellbar krummgebückt. Zusammen besorgten sie ein geringfügiges Gütchen. Der Weg zu ihrem schmalen Streifen Rebland führte an unserem Haus vorbei. Den einen Arm mit der gichtigen Hand auf der Krümmung des Rückens, gingen sie für immer gebeugt. Wenn man sie grüsste, drehten sie den Kopf seitwärts herüber, ich brauchte nicht aufzuschauen, um ihrem Blick zu begegnen. Er war freundlich, und freundlich war auch ihr Gruß. Sie ertrugen, was sie gekrümmt hatte, ohne laute Klage und wollten niemand übel. Dann starb der alte Schaub. Eines Morgens lag er tot im Bett. Man habe ihn „zerbrechen" müssen, damit man ihn in den Sarg betten konnte – so wusste das Dorf sich zu erzählen. Die Frau folgte ihm bald. Wie andere alte Bauersleute wählte sie dafür den Winter. Ihr Sterben dauerte etwas länger; dann ging auch hinter ihrem Sarg der schüttere Zug, der die Geringen begleitet. Die Erinnerung an die beiden blieb eine aufstörende Frage ohne Antwort."* (Reutimann 1993, S. 309)

Damit ist der Stachel der Fremdheit benannt, der diese Biographie zeichnet. Von den zwei disparaten Welten war oben im Schulkapitel die Rede, in der einen wurden Fragen gestellt, auf die es Antworten gab – die Welt der Schule, der fortgeschrittenen Zivilisation, der Wissenschaft, der Hochkultur – und dann gab es die andere Welt, die der unteren Wiese: Auch da gab es Fragen, aber die hatten es in sich, dass sie offen blieben, traurige, faszinierende, unvergessliche oder eben aufstörende und ratlos machende Fragen.

Der Autor erzählt immer wieder, wie sehr ihn die schulhaltige Frage-Antwort-Welt von Kindesbeinen an angezogen hat und wie sehr er in ihr voranzukommen suchte. Aber in gleicher Intensität suchten ihn auf Schritt und Tritt die Unbekanntheiten heim, von der das Leben auf der unteren Wiese troff. Und es hat den Anschein, dass das Lernen dieses Lebens seine eigentliche Mitte darin hatte, das am Glimmen zu halten, was die Äpfel der Kindheit auf der unteren Wisse angefacht hatten. Ein lebenslanges Lernen im Krebsgang, weg von Souveränität und Kennerschaft, hin zu den „Fragen ohne Antwort", „Durchschaubarkeit ohne Rest" – das wäre das Ende. Was ihn am Leben hielt – das war das Undurchschaubare – der Rückstoß des Fragwürdigen, das bei allen Antworten offen geblieben war.

Weltverluste: das Unaddierbare wird addierbar gemacht – Reutimann, Dewey, Janacek

Das letzte Schulkapitel von Hans Reutimanns Autobiographie endet resignativ: Der Autor, zeitlebens von den Verlusten durch das abstrahierende Schulwissen beunruhigt, hat nach mehrjähriger Seminarausbildung selbst das Lehrerpatent erworben, das ihn zum Schulakteur macht: *„Ein Ausweis, Lehrerpatent genannt, ermächtigte mich, Kinder, wie ich vor noch gar nicht langer Zeit selbst eines gewesen war, ins Schulboot zu verladen, mit ihnen vom Morgenufer voll taufrischer Einmaligkeiten abzustossen und immer weiter hinauszufahren, bis die Unterschiede verschwammen und auch ihnen Unaddierbares addierbar vorkam."* (Reutimann 1993, S. 344)

In der Dorfschulbeschreibung waren diese Lernvorgänge als ENTFÄRBUNGEN der bunten Lebenswelt umschrieben. Es wäre zu kurz gedacht, würde man die darin avisierte Lerndrift als innerpädagogisches, gar nur als didaktisches Problem auffassen. Darin meldet sich. der Druck der (westlichen) Zivilisation, der eine gewisse Affektdisziplin, die sich nicht von einmaligen Situationen hinreißen lässt, fordert (vgl. Elias 1976 und Rumpf 1988). Dass dabei eine bestimmte Filterung der Erfahrungen Ausfälle zeitigt, darauf hat John Dewey immer wieder aufmerksam gemacht – nicht nur in den oben zitierten Passagen zur Unterordnung von universalen Strukturen, die als Medien „zur besseren Annäherung an das Unfassliche und Unsagbare" des Einmaligen gedeutet werden. Der in den vorherigen Abschnitten akzentuierte Tenor der Autobiographie von Reutimann liest sich wie die lebenslange Bemühung, einschlägige Erfahrungsverluste, szenisch zu vergegenwärtigen, wenn das „Unaddierbare addierbar gemacht" wird: Wir messen der Lebenswelt – der in unserem konkreten Weltleben uns ständig als wirklich gegebenen Welt – „ein wohlpassendes Ideenkleid an" – in „der geometrischen und naturwissenschaftlichen Mathematisierung", schrieb der Begründer der Phänomenologie, Edmund Husserl, in *Die Krise der europäischen Wissenschaften und die Transzendentale Philosophie* (Husserl 1982, S. 54/55) Und wir nehmen infolgedessen das für wahres Sein, was eine Methode ist – Reutimanns Krisenerfahrungen haben mit diesem Dilemma zu tun.

Bei Dewey liest sich seine Verteidigung des unvorhersehbar Spontanen, als Konsequenz einer Entdeckung der (von Dewey nicht näher spezifizierten) Romantik, die gewiss die Verherrlichung dieser Tatsache zunächst übertrieben habe: „Offenbar muss die Bedeutung einer Tatsache zunächst übertrieben werden, um voll entdeckt und mitgeteilt zu werden. *Man nenne die Tatsachen romantisch oder mit einem freundlicher klingenden Namen, so bleibt trotzdem wahr, dass unmittelbare und abschließende Qualitäten ... einen unvoraussagbaren und unformulierbaren Strom von unmittelbaren, sich verlagernden, impulsiven, riskanten Finalitäten bilden, für die die universalen und regelmäßigen Gegenstände und Prinzipien, die das klassische Denken hervorhob, lediglich die Mittel darstellen.*" (Dewey 1995, S. 123/124) Das Feststellbare, das Mess- und Vergleichbare an den Gegebenheiten ist demnach Produkt einer Zurichtung, die den „unvorhersehbaren und unformulierbaren Strom von Finalitäten", von impulsiven Realitätsstößen mit einem „Ideenkleid" überzieht.

Dass seit der Romantik auch die moderne Kunst, die Literatur, die Musik, das Theater von der Erschütterung durchdrungen ist, in denen das Allgemeine seine organisierende Kraft verliert, wird niemand bezweifeln können – die Dinge, die Geschehnisse, die Symbolqualitäten verlieren da ihre Überschaubarkeit und Verwaltbarkeit. Sie sperren sich gegen die Vorhersehbarkeit. Die pädagogische Autobiographie Reutimanns ist ein Beleg von seltener Eindringlichkeit dafür, dass diese epochalen Bewusstseinsveränderungen ihre Entsprechungen im Bereich des Menschenlernens haben.

Als Beleg für diese allgemeinen Änderungen mag ein Blick auf das Lebenswerk des Komponisten Leo Janaceck (1854–1928) gelten. Über seine Zuwendung zu den verschütteten Dimensionen der Alltagssprache schreibt Milan Kundera: *„Eine berühmte Zeichnung: ein kleiner, schnauzbärtiger Mann mit dichtem weissem Haar spaziert mit einem aufgeschlagenen Heft in der Hand herum und notiert die Äußerungen, die er auf der Strasse hört, in Notenschrift. Das war seine Leidenschaft: die lebendige Sprache in Noten zu fassen; er hinterließ an die hundert solcher ‚Intonationen der gesprochenen Sprache'."* (Kundera 2001, S. 129)

Da schreibt ein Musiker. „Für mich hat die Musik, so wie sie aus den Instrumenten klingt ... und wenn es selbst Beethoven oder wer immer ist – wenig Wahrheit. Wissen Sie, es war irgendwie eigentümlich, wenn mich jemand ansprach, ich habe seine Worte vielleicht nicht verstanden, aber der Tonfall! Ich wusste gleich, was in ihm steckt: ich wusste, wie er fühlt, ob er lügt, ob er erregt ist ... ich habe es gehört, dass der Mensch innerlich, sagen wir, weint. Töne, der Tonfall der menschlichen Sprache, jedes Lebewesens überhaupt, hatten für mich die tiefste Wahrheit." (aus Janacek 2007/2008, S. 11).

Die allgemeinen Bedeutungen der Worte sind es nicht, die ihm Aufschluss über eine Szene, eine Person geben. Janacek ist fasziniert von dem, was in der gesprochenen Sprache an Einmaligem und Unverwechselbarem zum Klingen kommt – unter den Wortbedeutungen. Das, worauf man im alltäglichen Gespräch kaum achtet, was im Geschriebenen vollkommen verschwindet – der flüchtig vorüberfliegende Klang, der Rhythmus, die Melodie der gesprochenen Töne – die sind das, was er in Notenschrift festhalten will – weil dieses schnell Verflogene ihm Zugang zu der Wirklichkeit gibt.

Kundera schreibt, um sich das Objekt dieser Suchbewegung verständlich zu machen: „*Versuchen Sie, einen Dialog aus Ihrem Leben zu rekonstruieren, den Dialog eines Streits oder einen Liebesdialog. Die teuersten, wichtigsten Situationen sind für immer verloren. Was bleibt, ist ihr abstrakter Sinn (ich habe diesen Standpunkt vertreten, er einen anderen, ich bin aggressiv gewesen, er defensiv), möglicherweise ein oder zwei Details, aber das konkret Akustisch-Visuelle der Situation in ihrem ganzen Ablauf ist verlorengegangen.*
Und nicht nur, dass es verlorengegangen ist. Man hat sich mit dem Verlust der konkreten Gegenwart abgefunden. Man verwandelt den gegenwärtigen Moment unmittelbar in seine Abstraktion...Man kennt die Realität nur in der Vergangenheit. Man kennt sie nicht so, wie sie im gegenwärtigen Moment ist, in dem Moment, da sie sich abspielt, da IST ... Denn die Gegenwart, die konkrete Gegenwart, ist für uns als zu untersuchendes Phänomen...ein unbekannter Planet; wir sind unfähig, sie im Gedächtnis festzuhalten oder durch die Phantasie zu rekonstruieren. Man stirbt, ohne zu wissen, was man erlebt hat." (Kundera 2001, S. 123/124)

In der alltäglichen Aufmerksamkeit für das Sprechen wird sowohl das Einzigartige wie die Expressivität der Äußerung geringgeschätzt – beides gilt als Außenschale, unter der sich das allein Wichtige, der abstrakte Sinn verbirgt: er ist herauszuholen, herauszuhören, festzuhalten, aufzuschreiben. Und dieser merkwürdige Komponist mehrerer wichtiger Opern tut so, als sei gerade diese Äußerlichkeit, das, worum es eigentlich geht. Er schreibt singuläre Stimmklänge in Noten auf – kein Wunder, dass er unter die Käuze gezählt wurde, dass seine Werke lange Zeit nicht wahr- und nicht ernstgenommen wurden. Und später als bahnbrechende Werke der Moderne gelten. Kundera schreibt: „In der Geschichte der Oper hat Janacek ein halbes Jahrhundert Flauberts Revolution (scil. In der Romanprosa) vollzogen." (Kundera 2001, S. 128) Reutimanns Autobiographie gewinnt in dieser Fluchtlinie ein Profil, das weit über innerpädagogische Besonderheiten hinausweist.

Die Arroganz des Schul-Wissens und der Überlegenheitsdünkel eines Lehrers

Die Lernbiographie von Hans Reutimann ist von einer dauernden Spannung durchzogen. Einerseits ist der Autor nicht nur wissenshungrig, sondern auch wissens- und expertengläubig – in seiner frühen Phase saugt er geradezu Lehreräußerungen ohne Widerstand und dankbar für jede Horizonterweiterung auf. Anderseits werden die Bruchlinien zwischen dem Schulwissen und der wirklichen Welt immer deutlicher. Das zeigt sich vor allem dann schon früh, wenn Lehrer über die Geschichte sprechen. Die „schulbuchwürdig" (S. 264) gemachte Welt schenkte fragwürdige Überlegenheitserlebnisse: „Wir waren klein, aber immer die Sieger, und jedes von uns in den Schulbänken gehörte dazu." (S. 265) Die spätere Reflexion dieser Erinnerungen stößt auf Brüchigkeiten in den Lehrerpersonen – sie flüchten aus der Angst vor der auch ihnen unbegreiflichen Wirklichkeit ins sichere Gehäuse des Schulwissens: *„Sie wollten den Pferch historisch abgesicherter Aussagen nicht verlassen, sie fühlten sich nur sicher, wenn sie zitieren und sich abstützen konnten. Dass ihr Gelerntes umstürzbar war und schon der nächsten Generation veraltet vorkommen würde und dass Vorbereitung auf das Leben auch den Umgang mit Unübersichtlichem und Unabgesichertem einschließen müsste, hatten sie verdrängt. Ein Zwang zum Sicheren, Eindeutigen, Aufbauenden und Positiven hatte sich der Schule bemächtigt. An der Gegenwart hätte sich gezeigt, dass dabei etwas nicht stimmte. Selbst die Schüler hätten (das) entdeckt ... Dem wären die Lehrer nicht gewachsen gewesen; sie hatten aus ihrer Wissenssicherheit und Wissensüberlegenheit einen Teil ihrer Autorität gemacht."* (S. 96/97)

Dass Menschenlernen auch den Weg vom Kennen in den Zweifel und die Unsicherheit führen kann und dass darin Schritte zum Verstehen der Welt liegen können – das ist diesem Schulwissen verschlossen. Die Angst vor Autoritätsverlust lähmt den Geist. Und verstümmelt die Inhalte in Richtung Lehrbarkeit.

Reutimann absolviert schließlich noch während der Kriegsjahre des Zweiten Weltkriegs das Lehrerseminar – und in der

Auseinandersetzung mit einem Biologielehrer kommen die in früheren Lernphasen angelegte Zweifel am unangefochtenen Überlegenheitswissen zum Durchbruch. Biologie musste ihn ja schon von seiner Herkunft her in der unteren Wiese interessieren. Die fortschreitende Abstraktion, die Einsichten in Urmuster und unsichtbare Gesetzmäßigkeiten erschloss, hatte durchaus fesselnde Momente für ihn.. Aber solche Zugänge wurden zerstört durch das Gehabe eines Biologielehrers, der das Wissen in einer ihn abstoßenden Weise verkörperte und vermittelte – im Gehabe dieses Mannes kulminierten die negativen Seiten der Schulbelehrung, der der frühe Reutimann doch auch Positives hatte abgewinnen wollen:

„Hier, im Biologieunterricht, hörte ich mit Widerwillen zu. Das lag am Lehrer. Er galt als geschickter Darsteller und Erklärer. Aber er war ein Nachhinker, ein verspäteter Materialist. Das Leben war für ihn nicht nur grundsätzlich durchschaubar, es war auch größtenteils bereits durchschaut; der Rest, der noch widerstand, würde sich ergeben. Leben war für ihn ein Nichts-als: Nichts-als-Materie, Nichts-als-Chemismus, wobei Chemie und Materie ihrerseits ebenfalls ein Nichts-als waren. Wenn man dieses Nichts-als erforscht hatte, gab es keine Lebensrätsel mehr Aus dieser Vorstellung schöpfte er die robuste Heiterkeit, mit der er die Dinge betrachtete und benannte. Damit wusste er zwischen sich und einem Teil seiner Schüler so etwas wie ein gemeinsames Überlegenheitsgefühl herzustellen. Er bezog sie in eine forsche Komplizenschaft ein, *in der man die ungeheuerliche Beschränkung der Sicht als Verzicht auf Illusionen pries* (Hervorhebung zugefügt, H. R.).
Ich stieß mich an diesem Überlegenheitsdünkel: Da hatte wieder einmal jemand die Ferse beschnitten, bis der Fuß in den Schuh hineinpasste..." (S. 334/335).

Was im „kahlen Haus" eine erste Irritation weckte, was in den Gesprächen mit Herrn Baumann, in der Erfahrung der Landesausstellung schärfer ins Bewusstsein trat, das kommt im Hass auf diesen Biologielehrer voll zum Zug: diese Art, mit der Welt umzugehen – ist nicht nur falsch, sie verkürzt nicht nur die Weltfülle aus Ängstlichkeit, sie ist nicht nur gewaltsam und autoritär – sie ist frevelhaft: *„Da stellte sich einer* *hemdärmlig vor uns hin und nahm sich heraus, das Leben zu duzen. Das verletzte mich, das stiess mich ab."* (S. 335)

Reutimann fasst schließlich seine Diagnose dessen, wie Lernen und Lehren in seiner Seminarschule praktiziert wurden in Sätzen zusammen, die die Lernidee, die die herkömmliche Schule der Wissensverbreitung prägte, prägnant bewusst macht: Die Formulierung liest sich wie eine biographische Konkretisierung der These von Michel Foucault, dass der Aggregatzustand von Macht im 19. Jahrhundert in ein System des Zwangs, in ein System der Disziplinierungen als „Disziplinarmacht" übergegangenen sei: *„Ich lernte aber, was zu lernen war. Der Lernstoff wurde uns ja in zuträglichen Portionen, sozusagen tellerchenweise vorgesetzt, wie das Mosaik des Stundenplans es vorsah. Der Stoff war von Ängstlichkeit zubereitet worden. Der Aufnahmevorgang sollte überprüfbar bleiben. Wissenschaftler und Schulmänner hatten die Weltfülle in ein Sieb geschaufelt und durchgeschüttelt, bis nur noch Lern- und Überprüfbares zurückblieb: Regeln, Daten, Fakten."* (Reutimann 1993, S. 335)

Lernen wird zur disziplinierten zurückzulegenden Einbahnstrasse in Richtung Regeln, Daten, Fakten. Dem folgt Auswahl und Zuschnitt der Inhalte, die Zeiteinteilung, die Methode, die Körperführung, der Affekthaushalt, die Sprache, das Schulmobiliar, die Lehrmittelhandhabung, die Schulaufsicht, die Bildungspolitik und die ihnen parallele Wissenschaft vom Lernen und Lehren, sowie das Leitbild der guten Schule. Im Unbehagen eines jungen Mannes meldet sich einiges von dem, was bei dieser Ausrichtung des Lernens unter den Tisch fällt.

Zweierlei Arten, sich auf die Welt einzulassen – ein Resümee zu Reutimanns Lernbiographie

Mit etwas Abstand betrachtet wirft diese Lernbiographie noch einmal die Frage auf, wie denn die beiden Weltaspekte zueinander stehen, deren Konflikt der bleibende Unruheherd dieses Lebens ist. – Da gibt es einerseits den Weltaspekt der „unteren Wiese", in dem die Tiere, die Äpfel, die Bäume, die Räume und Ereignisse antlitzhafte, individuelle Züge haben und die Erfahrung von Vertrautheit und schicksalhafter sinnlicher Verbundenheit immer neu entstehen lassen. Ihm entsprechen viele Arten des Lernens – spontane wie gewohnte, überraschende wie routinierte. Das Subjekt, der Mensch, das Kind – sie sind in ihrer Empfänglichkeit für die qualitative Vielfalt der umgebenden Welt angesprochen und herausgefordert. Da gibt es andererseits den Weltaspekt, der im Lehrerseminar schließlich vorwiegend die Gestalt des Lernens bestimmte: die Weltgegebenheiten sind in isolierte Fächer aufgeteilt, in denen es darum ging, Widerfahrnisse nach unterschiedlichen Merkmalen auf Distanz zu bringen, unter allgemeine Begriffe nach Regeln zu ordnen und womöglich auf in Zahlen zu fassende Gesetzlichkeiten hin zu durchdringen – der Welt werden hintergründige Zusammenhänge abgewonnen, die sie distanziert planbar, berechenbar und nutzbar werden lassen – die Welt verliert an Farbe und spontaner Erlebbarkeit und auch an Bedrohlichkeit. Je mehr ihre Zählbarkeit dominiert, gewinnt sie an distanziert beherrschbarer Klarheit, Stabilität und Verlässlichkeit. Alle zivilisatorischen Fortschritte der Moderne basieren bekanntlich auf dieser Rationalität. Das im Lernen aktivierte Subjekt ist nicht mehr das sinnlich betreffbare, von antlitzhaften Geschehnissen umbrandete Ich, sondern ein Subjekt, von dem der Phänomenologe Erwin Straus sagte, es sei von „extramundanem" Charakter. Dieses Subjekt befreit sich von der Verfallenheit an Zufälle und undurchdringliche Naturgeschehnisse. Man könnte die Lernformen, die auf diesen Weltaspekt aus sind, in Anklang an Formulierungen von Paul Feyerabend so umschreiben (und greift damit die oben zitierte These von John Dewey auf): „Ein Erziehungssystem wurde eingerichtet, das Menschen hervorbrachte, denen plausibel gemacht wurde, dass alles, was man sehe, erst erklärbar sei, wenn es auf Unsichtbares, nur Denkbares oder im Labor Erzeugtes bezogen werde. So entstand unsere Lebensform: Wir können unanschaulich denken, schreiben, erklären und deshalb auch technisch planen." (Feyerabend 2009, S. 27)

Die Macht des Faktischen kann die Frage nicht ersticken, warum denn in der Normalbiographie des westlich Zivilisierten der Weltaspekt 2 mit seinen Lernformen so hoffungslos abgeschlagen oder in private Bildungsrefugien abgedrängt wurde (Reutimann erwähnt, dass ihm die Erfahrungsverluste die Lektüre hoher Literatur – Duineser Elegien, Trakl, der späte

Hölderlin (Reutimann 1993, S. 336) – nahegebracht habe). Warum wird die „schaufromme Naturbetrachtung" (S. 334) allenfalls noch als „Übergangsbeschäftigung" auf dem Weg zur „eigentlichen Naturwissenschaft" toleriert (S. 334) – wenn sie nicht als Niederschlag bloßer Subjektivität religiösen oder ästhetischen Emotionen ohne Wirklichkeitsgehalt zugeschlagen wird? Warum kann die „ungeheuerliche Beschränkung" zum „Verzicht auf Illusionen" hochgejubelt werden?

Wenn man die zivilisationsdynamischen makrogesellschaftlichen Druckfaktoren einen Augenblick außer acht lässt und sich auf den Vordergrund der Phänomene beschränkt, könnte man sagen: weil ein Bild vom Lernen favorisiert wurde, das im richtigen Lernen nichts sehen kann als den Schritt hin zu den definiten als allgemeingültig anerkannten Wahrheiten, der den Erdenstaub des Staunens und Suchens hinter sich gelassen hat.

Und dabei in Kauf nimmt, dass das Empfinden für die unbekannte Seite der Welt verkümmert.

Wobei die Wurzel auch jedes distanziert beherrschenden Weltumgangs abstirbt.

Literatur

Becker, Peter: Finis. Non finis ... Von Schütz bis Kagel – Texte zur Musik und ihrer Vermittlung. Mainz (Schott) 2009
Benner, Dietrich: Einleitung zum 49. Beiheft der „Zeitschrift für Pädagogik": Erziehung – Bildung – Negativität. Weinheim und Basel 2005, S. 7–23
Benner, Dietrich: Bildungstheorie und Bildungsforschung. Grundlagenreflexion und Anwendungsfelder. Paderborn 2008
Van den Berg, Jan Hendrik: Metabletica – Über die Wandlung des Menschen. Grundlinien einer historischen Psychologie. Göttingen 1960
Bernhart, Josef: Aus meiner Jugend. In: Zeitschrift „Hochland", 59. Jg., 1960/61, S. 557–568
Böhme, Hartmut: Natur und Subjekt. Frankfurt/M 1988
Blumenberg, Hans: Wirklichkeiten, in denen wir leben. Reclam, Stuttgart 1981
Bohrer, Karl-Heinz: Die Furcht vor dem Unbekannten. In: Karl-Heinz Bohrer: Plötzlichkeit. Frankfurt/M. 1981, S. 68–85
Bohrer, Karl-Heinz: Das Tragische. Erscheinung, Pathos, Klage. München 2009
Bollnow, Otto Friedrich: Existenzphilosophie und Pädagogik. Stuttgart 1959
Bourdieu, Pierre: Entwurf einer Theorie der Praxis. Frankfurt/M. 1976
Bruner, Jerome S.: Die Sprache der Erziehung. In: „Zeitschrift für Pädagogik", Heft 4/2003 (48. Jg.) S. 485–498
Chargaff, Erwin: Das Feuer des Heraklit. 2. Aufl. Stuttgart 1980
Cloos, Hans: Gespräch mit der Erde. München 1954
Combe, Arno/Gebhard, Ulrich: Sinn und Erfahrung. Zum Verständnis fachlicher Lernprozesse. Opladen 2007
Cunningham, Merce: Der Tänzer und sein Tanz. Frankfurt/M. 1986
Dewey, John: Wie wir denken. Neuausgabe Zürich 2002
Dewey, John: Erfahrung und Natur. Frankfurt/M. 1995
Dewey, John: Experience and Nature. New York (Dover editions publications) 1958
Duerr, Hans-Peter: Traumzeit. Über die Grenze zwischen Wildnis und Zivilisation. Frankfurt/M. 1978
Duployer, Pierre (O. P.): Rhetorik und Gotteswort. Düsseldorf 1957
Elias, Norbert: Der Prozess der Zivilisation. 2 Bände. Frankfurt/M. 1976

Eisner, Elliot W.: Ästhetisches Lernen. Kunst und das Hervorbringen von Geist und Verstand. In: M. Göhlich/Ch. Wulf/J. Zierfas: Pädagogische Theorien des Lernens. Weinheim und Basel 2007, S. 113–118

Feyerabend, Paul: Naturphilosophie. Frankfurt/M. 2009

Flügge, Johannes. Die Entfaltung der Anschauungskraft. Heidelberg 1963

Freud, Sigmund: Der Witz und seine Beziehung zum Unbewussten. Bd. 6 der Gesammelten Werke von S. Freud. 5. Aufl. Frankfurt/M 1976

Geisel, Sieglind: Viktor Braun – Der skeptische Dialektiker. In: Neue Zürcher Zeitung v. 23.2.2010 (Nr. 44/2010), S. 44

Ginzburg, Carlo: Holzaugen. Über Nähe und Distanz. Berlin (Wagenbach) o. J.

Gruschka, Andreas: Didaktik – Das Kreuz mit der Vermittlung. Elf Einsprüche gegen den didaktischen Betrieb. Wetzlar 2002

Gruschka, Andreas: Erkenntnis in und durch Unterricht. Wetzlar 2009

Guardini, Romano/Bollnow, Otto Friedrich: Begegnung und Bildung. 2. Aufl. Würzburg 1960

Helmstetter, Rudolf: Vom Lachen der Tiere, der Götter, der Menschen und der Erde. In: Lachen – Über westliche Zivilisation. Sonderheft Merkur, Heft 9/10, 2002 (56. Jg.) S. 763–774

Helsper, Werner: Schulkultur und Milieu. In: Kulturen der Bildung. Beiträge zum 21. Kongress der Deutschen Gesellschaft für Erziehungswissenschaft 2008 in Dresden. Opladen (Budrich) 2009, S. 163 ff.

Harnoncourt, Nikolaus: Musik als Klangrede. Wege zu einem neuen Musikverständnis. Kassel 1982

Heidegger, Martin: Der Ursprung des Kunstwerks. In: Heidegger: Holzwege. 7. Aufl. Frankfurt/M. 1994

Herbart, Johann Friedrich: Pädagogische Schriften. Hrsg. W. Asmus. Zweiter Band. Düsseldorf München 1965

Holzkamp, Klaus: Lernen – Subjektwissenschafliche Grundlegung. Frankfurt/M./New York 1995

Horn, Klaus: Politische Psychologie. Hrsg. v. H. J. Busch. Frankfurt/M. 1989

Hüther, Gerald: Bedienungsanleitung für ein menschliches Gehirn. Göttingen 2007

Husserl, Edmund: Gesammelte Werke (Husserliana) Bd. XI. Den Haag 1966

Husserl, Edmund: Arbeit an den Phänomenen. Ausgewählte Schriften. Hrg. Von Bernhard Waldenfels. Frankfurt/ M 1993

Husserl, Edmund: Die Krise der europäischen Wissenschaften und die transzendentale Philosophie. Hrsg. v. E. Ströker. Hamburg 1982

Janacek, Leos: Briefe und Erinnerungen. Programmheft zu „Jenufa" – Nationaltheater Mannheim, Spielzeit 2007/2008, S. 11

Klotz, Volker: Operette. Porträt und Handbuch einer unerhörten Kunst. München 1981

Kokemohr, Rainer: Bildung als Welt- und Selbstentwurf im Anspruch des Fremden. In: Hans-Christoph Koller/Winfried Marotzki/Olaf Sanders (Hrsg.): Bildungsprozesse und Fremdheitserfahrung. Bielefeld 2009, S. 13–68

Kundera, Milan: Verratene Vermächtnisse. Frankfurt/M, 4. Aufl. 2001

Kutschmann, Werner: Der Naturwissenschaftler und sein Körper. Frankfurt/M. 1986

Lichtenberg, Georg Christoph: Die Aphorismenbücher. Hrsg. A. Leitzmann. Frankfurt/M. 2005

Zur Lippe, Rudolf: Sinnenbewusstsein. Grundlegungen einer anthropologischen Ästhetik. Reinbek 1987

Mann, Thomas: Doktor Faustus. Frankfurt/M. o.J.

Merleau-Ponty, Maurice: Das Auge und der Geist. Hamburg 1984

Meyer-Drawe, Käte: Illusionen von Autonomie. München 1990

Meyer-Drawe, Käte: Diskurse des Lernens. München 2008

Nagbol, Sven: Macht und Architektur. In: H. D. König/A. Lorenzer u. a.: Kultur-Analysen. Frankfurt/M. 1988, S. 347–374

Pieper, Josef: Glück und Kontemplation. München 1957

Pfeifer, Johannes: Umgang mit Dichtung. Leipzig 5. Aufl. 1947. (Meiner)

Portmann, Adolf: Vom Bild der Natur. Basel 1947

Portmann, Adolf: Neue Wege der Biologie. München 1960

Portmann, Adolf: Naturwissenschaft und Humanismus. In: Karl Jaspers: Wahrheit und Wissenschaft/ Adolf Portmann: Naturwissenschaft und Humanismus. Zwei Reden. München (Piper) 1960

Portmann, Adolf: Biologie und Geist. Frankfurt/M. 1973

Pound, Ezra: ABC des Lesens. Frankfurt/M. 1962

Reutimann, Hans: Bericht von der unteren Wiese oder Die Äpfel der Kindheit. Schaffhausen (P. Meili) 1993

Rittelmeyer, Christian: Pädagogische Anthropologie des Leibes. Biologische Voraussetzungen der Erziehung und Bildung. Weinheim/München 2002

Roth, Gerhard: Das Gehirn und seine Wirklichkeit. Stuttgart 1995

Rumpf, Horst: Die sokratische Prüfung – Beobachtungen an platonischen Frühdialogen. In: Zeitschrift für Pädagogik 13. Jg., Heft 4/19967, S. 325 ff. (auch abgedruckt in H. Rumpf: Scheinklarheiten. Braunschweig 1971, S. 204 ff.)

Rumpf, Horst: Die übergangene Sinnlichkeit. 2. Auflage, Weinheim und München 1988

Rumpf, Horst: Die Fruchtbarkeit der phänomenologischen Aufmerksamkeit für Erziehungsforschung und Erziehungspraxis. In: M. Herzog/C. F. Graumann (Hrsg.): Sinn und Erfahrung. Phänomenologische Methoden in den Humanwissenschaften. Heidelberg (Asanger) 1991, S. 313–335

Rumpf, Horst: Persönliche Wissens- und Erlebnisgeschichten von Natur in autobiographischen Textstücken. In: Imbke Behnken/ Jürgen Zinnecker Hrsg.: Kinder – Kindheit – Lebensgeschichte. Seelze-Velber 2001, S. 307–322

Rumpf, Horst: Fremde Nähe. Über unsere unbekannten Bekannten. In: M. Liechti (Hrsg.):Die Würde des Tieres. Erlangen 2002, S. 75–88

Rumpf, Horst: Vom Bewältigen zum Gewärtigen. In: Michael Hauskeller (Hrsg.): Die Kunst der Wahrnehmung. Beiträge zu einer Philosophie der sinnlichen Erkenntnis. In: Die Graue Edition, Zug 2003, S. 228–260

Rumpf, Horst: Diesseits der Belehrungswut. Pädagogische Aufmerksamkeiten. Weinheim/München 2004

Rumpf, Horst: Was greifen und messen sie wirklich? Zwei PISA-Aufgaben auf dem Prüfstand. In: Zeitschrift „Erziehungskunst", Sonderheft Oktober 2006, S. 14–22

Rumpf, Horst: Wunde Punkte. Ein Zitaten-Mosaik zur Bildungslage. In: U. Herrmann: In der Pädagogik etwas bewegen. Weinheim-Basel 2007, S. 14–21

Rumpf, Horst: Lernen als Vollzug und als Erledigung. In: K. Mitgutsch/E. Sattler/K. Westphal/I.M. Breinauer (Hrsg.): Dem Lernen auf der Spur. Stuttgart 2008, S. 11–24

Rumpf, Horst: Aufmerksam machen und aufmerksam werden – Unterrichtsauftakte bei Aebli und Wagenschein. In: Dorit Bosse/Peter Posch(Hrsg.): Schule 2020 aus Expertensicht. (Rudolf Messner zum akademischen Abschied gewidmet). Wiesbaden 2009, S. 231–236

Rumpf, Horst: Lob des Stammelns. Über anfängliche Weltbetroffenheiten und ihre Äusserung. In: chimica et ceterae artes rerum naturae didacticae.Nr. 102/35. Jg. (2009), S. 5–12

Schiller, Friedrich: Über die ästhetische Erziehung des Menschen – in einer Reihe von Briefen. In: Schillers Werke, Bd. 8. hrsg. von Ludwig Bellermann, Leipzig Wien (Bibliographisches Institut) o. J.

Seel, Martin: Die Ästhetik des Erscheinens. München 2000

Seel, Martin: Adornos Philosophie der Kontemplation. Frankfurt/M. 2004

Senghaas, Dieter: Kybernetik und Politikwissenschaft. In: Politische Vierteljahrsschrift VII. Jg. 1966, S. 252 – 276

Senghaas, Dieter: Zum irdischen Frieden. Erkenntnisse und Vermutungen. Edition suhrkamp Bd. 2884, Frankfurt/M. 2004

Senghaas, Dieter: Der Leviathan in diesen Zeiten. Sonderheft der Zeitschrift „Leviathan", Februar 2008, S. 11

Straus, Emil: Vom Sinn der Sinne. Berlin, Göttingen, Heidelberg 1956

Sklovskij, Victor: Die Kunst als Verfahren. In: J. Striedter (Hrsg.): Russischer Formalismus. München 1971

Sklovskij, Victor: Die Auferweckung des Wortes. In: W. D. Stempel (Hrsg.): Texte der russischen Formalisten. Bd. II. München 1973

Steffensky, Fulbert: Spiritualität ist Aufmerksamkeit. In: Neue Sammlung, 41. Jg. Heft 1/2001, S. 119–132

Valery, Paul: Der Mensch und die Muschel. In: Merkur. 1. Jg. 1947, S. 199 ff.

Wagenschein, Martin: Die pädagogische Dimension der Physik. Braunschweig 1962

Wagenschein, Martin: „... zäh am Staunen". Pädagogische Texte zum Bestehen der Wissensgesellschaft. Hrsg. Von Horst Rumpf. Seelze-Velber 2002

Wagenschein, Martin: Die Erfahrung des Erdballs. Beitrag zu einer genetischen Didaktik der Himmelskunde. In: M. Wagenschein: Ursprüngliches Verstehen und exaktes Denken. Bd. II, Stuttgart 1970, S. 25–58

Wagenschein, Martin/Buck, Peter: Demokrit auf dem Prüfstand. In: Chemica didactica (Zeitschrift) 10. Jg., Heft 3/1984, S. 10 ff.

Waldenfels, Bernhard: Das leibliche Selbst. Frankfurt/M. 2000

Waldenfels, Bernhard: Bruchlinien in der Erfahrung. Frankfurt/M. 2002

Waldenfels, Bernhard: Phänomenologie der Aufmerksamkeit. Frankfurt/M. 2004

Weil, Simone: Betrachtungen über den rechten Gebrauch des Schulunterrichts und des Studiums im Hinblick auf die Gottesliebe. In: S. Weil: Das Unglück und die Gottesliebe. München 1953, S. 95 ff. (Dieser Essay ist in zentralen Passagen wiedergegeben und kommentiert in einem Aufsatz von M. Wagenschein, „Über die Aufmerksamkeit" in Wagenschein 2002, S. 26–37)

Weinert, Franz-Emmanuel: „Lernen – gegen die Abwertung des Wissens". In: „Lernen – Ereignis und Routine", Friedrich Jahresheft IV/ 1986, S. 102–104

Weinrich, Harald: Von der Langeweile des Sprachunterrichts. In: „Zeitschrift für Pädagogik", 27. Jg. Heft 2/April 1981, S. 169–186

Weinrich, Harald: Wege der Sprachkultur. Stuttgart 1985

Wilson, E. O.: Des Lebens ganze Fülle. München 1999

Wittenberg, Alexander Israel: Bildung und Mathematik. Stuttgart 1963

Zaugg, Remy: Für ein Bild. Basel (Kunsthalle) 1988